Une année étrangère

D1728975

Brigitte Giraud

Une année étrangère

Dossier pédagogique
par Martina Angele

Ernst Klett Sprachen
Stuttgart

Bildquellennachweis

7 Corbis (Eric Fougere/VIP Images), Düsseldorf; **42.1** Klett-Archiv, Stuttgart; **45.1** Fotolia.com (womue), New York; **46.1** iStockphoto (Hans-Peter Widera), Calgary, Alberta; **47.1** Imago (Müller-Stauffenberg), Berlin; **48.1** Okapia (Werner Otto), Frankfurt; **48.2** shutterstock (Odin M. Eidskrem), New York, NY; **48.3** Geoatlas, Hendaye; **48.4**; **48.5** Dream Maker Software (RF), Colorado; **48.7** CC-BY-SA-3.0 (52 Pickup), siehe *3; **49.1** Berlin 73, M-F Ehret, Gulf Stream Editeur, Saint-Herbain; **50.1** iStockphoto (RonTech2000), Calgary, Alberta; **50.2** shutterstock (Kolobrod), New York, NY; **51.1** iStockphoto (Tumpikuja), Calgary, Alberta; **52.1**; **52.2** iStockphoto (Leontura), Calgary, Alberta; **53.1** Fotolia.com (Yarek Gora), New York; **54.1** VISUM Foto GmbH (Georg Schönharting), Hamburg; **54.2** laif (Philippe Roy/Gamma-Rapho), Köln; **54.3** iStockphoto (Nicolae Popovici), Calgary, Alberta; **56.1** Fotolia.com (Rorius), New York; **57.1** Thinkstock (iStockphoto), München; **57.2** akg-images (Imagno), Berlin; **58.1** Getty Images, München; **59.1** Ullstein Bild GmbH, Berlin; **60.1** Getty Images (AFP), München; **60.2** laif (eyedea/KEYSTONE France), Köln; **61.1** Fotolia.com (lightpoet), New York; **61.2** iStockphoto (Leontura), Calgary, Alberta; **61.3** iStockphoto (Leontura), Calgary, Alberta

*3 Lizenzbestimmungen zu CC-BY-SA-3.0 siehe: http://creativecommons.org/licenses/by-sa/3.0/de/

Sollte es einmal nicht gelungen sein, den korrekten Rechteinhaber ausfindig zu machen, so werden berechtigte Ansprüche selbstverständlich im Rahmen der üblichen Regelungen abgegolten. Die Positionsangabe der Bilder erfolgt je Seite von oben nach unten, von links nach rechts.

1. Auflage $1^{5\,4\,3\,2\,1}$ | 2017 16 15 14 13

Autorin: Martina Angele

Redaktion: Anne-Sophie Guirlet-Klotz
Layoutkonzeption: Elmar Feuerbach
Gestaltung und Satz: Eva Mokhlis, Swabianmedia, Stuttgart
Umschlaggestaltung: Sandra Vrabec
Titelbild: shutterstock (Anweber), New York, NY
Druck und Bindung: Digitaldruck Tebben, Biessenhofen
Printed in Germany

ISBN 978-3-12-592285-3

Inhaltsverzeichnis

Vorwort

Die vorliegenden Unterrichtsmaterialien begleiten die Lektüre des Romans *Une année étrangère* von Brigitte Giraud und eignen sich besonders zum Einsatz einer Lehrplaneinheit wie *Vivre avec notre voisin à l'ouest / Les relations franco-allemandes* aber auch *Vivre ensemble / Grandir*.

Der Roman erzählt von Laura (17), die in den 70er-Jahren als Au-Pair nach Nord-Deutschland geht, und beleuchtet folgende Themen:
– Au-pair im geteilten Deutschland
– deutsch-französische Beziehung
– Trauer
– Erwachsenwerden

Empfohlen wird die Lektüre für das Niveau B2.

Dieses Dossier bezieht sich auf die im Verlag Ernst Klett Sprachen erschienene Textausgabe von *Une année étrangère* (ISBN 978-3-12-592284-6).

Die französische Originalausgabe ist 2009 bei Éditions Stock erschienen.

Hinweis zu den Online-links (codes internet)
Einige Kopiervorlagen bzw. Materialien, mit denen die Schülerinnen und Schüler im Rahmen der Unterrichtseinheit arbeiten sollen, finden Sie auf unserer Homepage **www.klett.de**. Geben sie dort in das Suchfeld oben rechts den angegebenen Online-Link (code internet) ein und Sie gelangen direkt zu den entsprechenden Materialien.

In den Lehrerhinweisen verwendete Abkürzungen
EA	Einzelarbeit
PA	Partnerarbeit
GA	Gruppenarbeit
UG	Unterrichtsgespräch
L	Lehrkraft
S	Schülerinnen und Schüler
TB	Tafelbild
OHF	Overheadfolie

Erläuterung der auf den Kopiervorlagen (fiches de travail) verwendeten Symbole
⚲	Einzelarbeit	✎	Hausaufgabe
⚲⚲	Partnerarbeit	www	Internetrecherche
⚲⚲⚲	Gruppenarbeit	◑👁	Hör- / Sehverstehen
⇔	mündliche Aufgabe	💡	Tipp / Hilfestellung zum Lösen einer Aufgabe
✎	schriftliche Aufgabe	🎭	Rollenspiel / szenisches Spiel

I Einleitung

1. Resümee des Romans

Der Roman *Une année étrangère* erzählt von der 17-jährigen Laura, die bereits eine schmerzhafte Grenzerfahrung zu verarbeiten hat: Den Verlust des jüngeren Bruders. Sie wählt dazu das deutsche „Exil" und geht für 6 Monate als Au-pair-Mädchen in den 1970ger Jahren nach Norddeutschland. Hier, in der Lübecker Bucht des noch geteilten Deutschlands, tauscht sie ihre zerrissene Familie gegen eine deutsche ein, die genauso wenig intakt und heil ist wie die eigene. Ihre Erfahrungen und Erlebnisse, gekennzeichnet durch tief empfundene Fremdheit, lassen sie zu einer erwachsenen Frau reifen.

2. Über die Autorin

Brigitte Giraud, 1960 in Sidi Bel-Abbes in Algerien geboren, ist eine französische Autorin. Sie lebt heute noch in der Nähe von Lyon, wo sie ihre Kindheit und Jugend verbracht hat.

Sie studierte Englisch und Deutsch und arbeitete als Buchhändlerin, Übersetzerin und Journalistin. Sie war außerdem Beauftragte für die Programmplanung des Literaturfestivals von Bron (Rhône).

In dem Magazin *NRF* oder im *Aube Magazine* hat sie Texte veröffentlicht, bevor sie als Romanautorin in Erscheinung getreten ist.

Für ihr erstes Buch *La chambre des parents* (1997) erhielt sie den *Prix Littéraire des Étudiants* sowie für *Nico* den *Prix Lettres frontière*.

Folgende Werke sind bisher von ihr erschienen:
La chambre des parents. Roman, 1997.
L'Eternité, bien sûr. Texte, 1999.
Nico. Roman, 1999.
À présent. Roman, 2001 (dt. *Das Leben entzwei*)
Marée noire. Roman, 2004 (dt. *Im Schatten der Wellen*)
Des ortolans et puis rien. Gedichte, 2005.
J'apprends. Roman, 2005.
L'amour est très surestimé. Texte, 2007

Des weiteren sind zahlreiche Artikel und Gespräche online vorzufinden. Siehe zum Beispiel hierzu: Code internet : a6q2st.

Zum Umgang mit den Online-Links (Codes internet), siehe Vorwort, auf Seite 6

3. Die Protagonisten des Romans

Laura

Une jeune fille française de 17 ans qui est au-pair dans une famille allemande pour 6 mois. Elle est loin de ses parents et endeuillée par la perte de son petit frère Léo. Elle aime écrire des lettres à son frère Simon qui est le lien entre Laura et sa famille. Laura ne s'entend pas très bien avec sa maman et n'échange que des banalités avec elle quand elles se parlent au téléphone.

Pendant son séjour, elle fait connaissance de l'Allemagne divisée, de Thomas Mann et de son fascinant roman *La Montagne magique*. Elle est sans cesse confrontée avec une nouvelle langue qu'elle essaie d'apprendre et à cause de laquelle elle se sent souvent déchirée et isolée.

Mme Bergen

Mme Bergen, qui fête ses 40 ans pendant le séjour de Laura, vit avec son mari, ses deux enfants et un chien dans une grande maison du nord de l'Allemagne. Comme son mari, elle regarde souvent la télé et fume des cigarettes. Elle souffre d'un cancer du sein, une maladie mortelle. Bien que Mme Bergen semble se désintéresser de Laura et de sa famille, elle s'occupe affectueusement de tout le monde.

M. Bergen

Au début du roman M. Bergen, qui a aussi la quarantaine, ne parle pas beaucoup, mais s'occupe d'une manière touchante de sa femme. À la fin du roman, quand sa femme quitte la maison, il se rapproche de Laura.

Susanne Bergen

Susanne, une fillette de 9 ans, rend la vie dure à Laura. Elle ne va pas régulièrement à l'école : Quelquefois elle a le droit de rester à la maison. Susanne déclenche beaucoup de souvenirs chez Laura, quant à la mort de son petit frère.

Thomas Bergen

Thomas a 14 ans. Il ressemble un peu à son frère. Ils aiment se retrouver pour écouter ou faire de la musique. Ils rigolent souvent ensemble.

Le grand-père Bergen

Il vit dans une maison de retraite, tout seul. Malheureusement, il n'entend pas très bien. Il s'intéresse à Laura et à la France à cause de son expérience de la Seconde Guerre mondiale

Les frères et les parents de Laura

Laura a deux frères. L'aîné s'appelle Simon. Avec lui, elle échange des lettres et de la musique. Elle lui raconte son expérience allemande dans la famille Bergen. Léo, le cadet, est mort dans un accident de mobylette. Depuis le drame, les parents de Laura se querellent souvent. C'est une des raisons qui pousse Laura, qui a interrompu son année scolaire, à partir pour l'Allemagne en tant que jeune fille au pair. La mère de Laura se fait du souci pour sa fille, mais elle n'arrive tout de même pas à lui montrer ses émotions, ses sentiments quand elles se parlent au téléphone.

4. Die Sprache des Romans

Brigitte Giraud hat mit ihrem Werk *Une année étrangère* ein wunderbares Werk geschaffen, das sowohl einmal durch die Verknüpfung mit Thomas Manns *Der Zauberberg* ein literarisch hochwertiges Beispiel an Intertextualität darstellt, aber auch zwei Familienschicksale eng miteinander verbindet.

Die Verbindung zweier Werke spiegelt sich in dem klaren und sachlichen Stil von Brigitte Giraud, der dennoch feinfühlig und sensibel den Übergang eines Teenagers ins Erwachsensein begleitet.

Zwei Familienschicksale werden kunstvoll miteinander verbunden: Laura lernt das Schicksal der Familie Bergen kennen. Die Krankheit von Frau Bergen und der damit aussichtslose Kampf der Genesung. Diese Aussichtslosigkeit spiegelt sich wiederum in Lauras eigener Familie, die durch den tragischen Unfall ihres Bruders gebrandmarkt ist und ebenso wie bei der Familie Bergen, ihre Spuren und Leiden

L'intertextualité, c'est « le fait de tisser un texte "à partir de fils pris à d'autres textes" ou de recycler des "oeuvres littéraires antérieures" pour donner forme à (une) présentation de la vie contemporaine, ou y ajouter des harmoniques. »
aus: David Lodge, *L'Art de la fiction*, Rivages, 1996, pp.134 – 135 (traduit de l'Anglais par Michel et Nadia Fucs)

hinterlässt. Durch Geschehnisse in der Gegenwart in der Familie Bergen wird Laura an das Schicksal ihrer Familie erinnert und durchlebt Höhen und Tiefen bei ihrer Verarbeitung.

> « J'ai découvert dans les dépliants qui m'ont été envoyés que la ville dans laquelle j'allais vivre était celle de Thomas Mann, et cette information m'a rassurée, je ne peux dire exactement pourquoi, sans doute parce que le roman du prix Nobel de littérature, conseillé par notre professeur de philosophie, est l'un des rares événements advenus pendant les derniers mois qui m'a touchée, pas tant le livre dont je n'ai lu que la moitié et dont je me souviens davantage de l'atmosphère que de ce qui s'y passe, mais la façon dont mon professeur en parlait, debout derrière le bureau, les bras parfois écartés, la poitrine en avant, le débit effréné, les yeux brillants, oui c'est le seul événement qui a détourné mon attention de ce qui arrivait alors à la maison, et pendant que papa et maman mettaient en scène leurs éternels reproches à longueur de soirée, je tentais de me concentrer sur la lecture de La Montagne magique, *allongée sur mon lit, je tournais les pages, tendant souvent l'oreille pour entendre ce qui se disait de l'autre côté de la cloison.* La Montagne magique *était mon refuge et j'ignorais que ce livre allait se trouver sur ma route et me sauver une nouvelle fois.* »
>
> aus: B. Giraud, *Une année étrangère*, Ernst Klett Sprachen, 2012, pp. 39–40

5. Ziele und didaktische Schwerpunktsetzung des Dossiers

- Rezeption eines literarischen Textes auf Französisch (Leseverstehen)
- Einführung in die literarische Textanalyse
- Mündliche Sprachkompetenz: Über einen Roman sprechen, einzelne Abschnitte zusammenfassen, zu einem Thema Stellung nehmen
- Schriftliche Sprachkompetenz: kreative Schreibaufträge
- Methodenkompetenz: eigenständige Erarbeitung eines *carnet de lecture* (fakultativ)

6. Hinweis zum Umgang mit der Lektüre

Es empfiehlt sich den gesamten Roman außer dem *début* (siehe fdt 2, Seite 7 bis Zeile 21) ganz lesen zu lassen, um die vorgeschlagenen fdt nacheinander behandeln zu können und die entprechenden Aufgaben im Gesamtkontext beantworten zu können.

Mögliche Abschnitte zur gemeinsamen Erarbeitung sind in der nachfolgenden Aufstellung festgehalten. Die jeweiligen fdt können dann direkt angewendet werden oder trotzdem nach der Lektüre des gesamten Romans bearbeitet werden.

Seitenzahlen, Zeilenangaben	Contenu
7 1 – **7** 21	Le début du roman
7 22 – **42** 14	Laura et la famille allemande
42 15 – **46** 21	Laura et le drame dans sa famille; premières étapes de son développement
46 22 – **50** 22	Premières connaissances de l'Allemagne divisée
50 23 – **56** 19	*La Montagne magique* de Thomas Mann Laura et son souvenir du drame dans sa famille
56 20 – **65** 14	Laura devient de plus en plus active (visite à la bibliothèque).
65 15 – **71** 20	La maladie de Mme Bergen Les stéréotypes envers les Allemands et les Français
71 21 – **79** 10	Laura et son succès avec la culture allemande. « Je me sens bien ».
79 11 – **84** 12	Laura et ses progrès avec la langue allemande. « Je rêve en allemand pour la première fois. »
84 13 – **98** 15	Laura rencontre le grand-père : Des vues sur l'Histoire pendant la Seconde Guerre mondiale
98 16 – **121** 8	« Pour la première fois, je me sens libre. » Le paradoxe entre être limité par la langue et se sentir libre ailleurs dans une autre famille / dans une vie provisoire est levé.
121 9 – **134** 23	Le grand-père et la Seconde Guerre mondiale Laura veut rencontrer d'autres jeunes pour leur raconter ses expériences à l'étranger.
134 24 – fin	« Depuis que Mme Bergen ne vit plus avec nous… » Laura est devenue la femme de la maison Bergen. Elle est maintenant une adulte.

II Übersicht über die angestrebten Kompetenzen

fdt	Titre	Compétences
1	Les couvertures du livre	**parler :** – décrire une photo – faire des hypothèses sur le contenu du livre – parler de ses propres expériences **écouter et regarder :** regarder un clip sur internet : une interview avec l'auteure Brigitte Giraud
2	Votre carnet de lecture ! (facultatif)	**écritures créatives**
3	Le début du roman	**lire :** lire le début du roman **parler :** parler du début du roman (personnages principaux, atmosphère, lieu…) **Stratégie :** Comment lire un roman ?
4	L'atmosphère dans le roman	**lire, parler et écrire :** – décrire une photo – décrire l'atmosphère dans le texte (Stratégie) – décrire le rapport entre le changement de la nature et l'évolution des sentiments de Laura pendant son séjour
5a	L'Allemagne divisée : Paysage et atmosphère	**écrire et parler :** décrire une photo **Stratégie :** Comment décrire une photo ?
5b	L'Allemagne divisée : Le texte, médiation et projets	**parler :** décrire une photo **lire et écrire :** Laura et le mur **écrire :** le journal intime de Laura **écrire et faire des recherches sur internet :** trouver des questions sur l'Allemagne divisée et chercher les réponses sur internet **traduire** une lettre **parler :** une discussion au téléphone entre Laura et son frère Simon **faire des recherches sur internet :** Lübecker Bucht

5c	L'Allemagne divisée : Projets	**parler :** restituer des informations sur l'histoire de l'Allemagne divisée **lire** un texte et **parler** de ses propres sentiments **présentation du prof : écouter et discuter** **faire des recherches sur internet :** l'Allemagne et Berlin divisées
6	La chambre de Laura	**lire écrire et / ou dessiner :** Laura et sa chambre **discuter et argumenter** **regarder et parler :** commenter deux photographies **écriture créative :** ma chambre et moi
7	Les difficultés de Laura avec la langue allemande	**parler :** – décrire une photo – discuter de l'importance d'apprendre une langue étrangère **lire et analyser :** Laura et ses sentiments et pensées envers la langue allemande **écriture créative :** – une lettre à Simon – le journal intime de Laura – une lettre officielle à l'organisme chargé des jeunes gens au-pair **parler :** – un petit discours – jeu de rôle
8a	Laura et la famille Bergen	**parler :** décrire une photo et parler de ses propres projets **lire et parler :** travail de texte **parler :** discussion en classe **écriture créative :** une lettre
8b	Une histoire de familles	**parler :** décrire et comparer des photos **lire et comparer :** la famille Bergen et la famille de Laura **écriture créative :** une lettre **parler :** discussion sur les stéréotypes
9	Les personnages du roman	**écrire et parler :** **Stratégie :** faire et présenter les portraits des personnages du roman

10	Apprentissage de la vie	**parler :** monologue **lire et discuter** **lire et reconstituer :** reconstituer le drame du frère de Laura **faire des hypothèses et parler** **écriture créative :** une lettre
11	Laura et la lecture	**parler :** décrire une photo et discuter de la signification des livres, de l'importance de la lecture **faire des recherches sur internet :** les droits du lecteur **parler :** discuter d'une citation de Thomas Mann **lire et écrire :** Laura et ses lectures **expliquer** **parler** de ses propres expériences
12	Le grand-père et la Seconde Guerre mondiale : Texte et projets	**lire et décrire** le grand-père Bergen **parler** de ses connaissances historiques **projets sur la Seconde Guerre mondiale** avec l'aide d'internet et de documents supplémentaires
13a+b	Une année étrangère : Texte et projets	**parler :** donner son opinion **lire et parler :** Laura et son travail **écriture créative :** le journal intime de Laura **discuter et présenter :** jeu de rôles ; placemat ; mind-map **écriture créative** remplir des fiches de candidature **lire sur internet et discuter**
14	Écrire une critique du roman	**écrire et présenter** sa critique du roman **Stratégie :** Comment écrire une critique de roman ? **Stratégie :** Comment présenter un roman ?
15	Klausurvorschläge	**Compréhension** **Analyse** **Écriture**

III Vorschläge für den Verlauf der Unterrichtseinheit

1. Zeitbedarf bzw. Stundenverteilung

Da der Oberstufenunterricht meist in Doppelstunden erfolgt, sind Teile der Unterrichtssequenz so konzipiert, dass jeweils zwei aufeinander folgende Stunden eine 90-minütige Einheit ergeben. Insg. sind zur Durchnahme aller hier vorgeschlagenen Unterrichtseinheiten ca. 14 Stunden einzuplanen. Die einzelnen Phasen lassen sich ggf. verlängern und verkürzen.

Für die Flexibilität der Unterrichtsgestaltung wählt die Lehrperson selbstständig aus, welche der Übungen für eine Einzelstunde von 45 Minuten relevant sind und welche ggf. als Hausaufgabe dienen sollen.

2. Unterrichtsvorschläge: les fiches de travail (fdt) + pistes de solution

Die *fdt* gliedern sich in drei Phasen *activités avant / pendant / après la lecture*.
Bei der Erarbeitung des Romans stehen unterschiedliche Kompetenzen im Vordergrund und integrieren bekannte und bewährte fachdidaktische Zugänge wie Schülerorientierung, kreativ-produktive Verfahren und Methoden. Das Angebot der vorgeschlagenen Arbeitsformen fördert sowohl das kooperative und soziale als auch das selbstständige Lernen.

Avant la lecture

fdt 1 Les couvertures du livre

Material: fdt 1, fdt 1A en ligne (Code internet : d724s8), Tafel, OHF, Internetzugang

Ablauf	Kompetenz	Sozialform
1 L verteilt fdt 1. S beschreiben Bild des Covers ohne Titel und bekommen einen ersten Eindruck zum Roman. Die Aufgabe kann in EA, PA oder GA bearbeitet werden. Der Vergleich der Ergebnisse erfolgt im UG.	**Sprechen:** Coverbild beschreiben	EA, PA, GA UG
2 L teilt die Online-fdt 1A aus: Die S sehen das französische Buchcover mit dem Titel. Mit vorgegebenen Redewendungen äußern sie Hypothesen zum Inhalt des Buches. Die Ergebnisse werden mit Nr. 1 verglichen.	**Sprechen:** Hypothesen formulieren	UG

Code internet : d724s8

3 Die S lesen den Klappentext (→ fdt 1A) und haben eine Ahnung, um was es in dem Roman handeln könnte und bringen ihre eigene Erfahrungswelt im UG zu den genannten Themen in ein UG ein.	**Sprechen:** Über eigene Erfahrungen sprechen	UG
4 Im Hör- / Sehverstehen des Interviews mit der Autorin B. Giraud erfahren die S Hintergründe und zentrale Aussagen zur Entstehung des Romans. Die Aufgaben werden im Plenum mit einer Folie besprochen.	**Hör- / Seh-verstehen**	UG

Lösungsvorschläge

1   Au premier plan, on voit un bus rouge sur une route glissante, un panneau (de signalisation) qui montre une limitation de vitesse à 80km/h. Les arbres sont recouverts de neige, il fait froid, c'est l'hiver. En arrière-plan, on distingue difficilement une voiture qui s'éloigne. Sinon, c'est vide et triste, un peu mélancolique…

2   Peut-être que l'histoire parle d'une jeune fille qui est malade / triste / seule…; Elle se trouve derrière une fenêtre, peut-être est-elle enfermée. La protagoniste semble être déprimée ou dépressive. Peut-être est-elle en train d'attendre qn. Le titre *Une année étrangère* indique qu'elle est peut-être à l'étranger et qu'elle ne se sent pas bien. Peut-être que la photo numéro 1 montre son voyage en bus dans un pays étranger.

3   passer une année à l'étranger (en Allemagne), vivre dans une famille d'accueil, apprendre une langue étrangère, avoir des problèmes avec la langue étrangère, rencontrer de nouvelles personnes (adultes, jeunes), avoir du succès, faire de bonnes / mauvaises expériences, rencontrer une nouvelle culture, se sentir seul…

4   **a** Les sujets principaux du roman : devenir adulte; franchir la frontière entre l'adolescence et la vie d'adulte
    b Pourquoi avoir écrit le roman ?
    B. Giraud a été au pair en Allemagne quand elle était jeune. Elle veut décrire les problèmes avec une langue étrangère : on est limité avec la langue étrangère parce qu'on ne peut justement que dire oui et non, on vit avec des clichés, on vit dans un paradoxe : d'un côté, on est limité par la langue qu'on ne maîtrise pas, d'un autre côté, on gagne en liberté parce qu'on est anonyme, on se sent comme une étrangère tout le temps et n'importe où…
    c la protagoniste Laura
    Elle est confuse parce qu'elle vit dans deux cultures et deux réalités, elle éprouve plusieurs sortes de douleur (elle éprouve du chagrin à cause de son frère mort) et elle a honte (parler une langue étrangère)…

Pendant la lecture

fdt 2 Votre carnet de lecture !

Material: fdt 2, fdt 2A en ligne (Code internet : sy94j7)

Ablauf	Kompetenz	Sozialform
Diese Aktivität ist fakultativ einsetzbar. Die Aufgaben beinhalten eine methodische und motivierende Auswahl, die von den S in EA, PA oder GA erledigt werden können. Wichtig dabei ist, dass die Aufgaben sowohl in der Unterrichtsstunde, als auch zuhause weitergeführt werden können. L gibt den zeitlichen Rahmen vor Beginn der Aufgaben an. Sollten L einzelne Aufgaben interessant erscheinen, können diese auch, abgelöst von dem *carnet de lecture*, bearbeitet werden.	**Lesen / Sprechen** **Kreatives Arbeiten** **Präsentationstechniken**	EA

Lösungsvorschläge

individuelle Schülerleistungen, die von L korrigiert werden sollten.

Tipp für L: Diese Strategien sind auch online als zusätzliche fdt 2A unter folgendem Online-Link zu finden: Code internet : sy94j7 und können den S ausgeteilt werden.

Stratégies pour les activités obligatoires

Résumer un livre :
– Reformulez l'histoire en vous concentrant sur les événements et sur les personnages les plus importants
– Utilisez vos propres mots. Ne citez pas le texte.
– Écrivez au présent
– Répondez aux questions : qui, quoi, quand, où, comment et pourquoi ?
– Reliez vos idées avec des connecteurs temporels, comme p. ex. D'abord, ensuite…
– Dans le résumé, ne donnez pas votre opinion personnelle sur le livre.

Hinweis für L: Grundlage des *carnet de lecture*
Grundlage der hier vorgeschlagenen Wahl- und Pflichtaktivitäten sind Vorschläge in:
Uta Grasse: *Lesewerkstatt Französisch. Kreative Arbeit mit Jugendliteratur in der Sekundarstufe I und II*, Stuttgart: Ernst Klett Sprachen, 2008, S. 45.
In dieser Handreichung finden Sie weitere Strategien und Redemittel zum analytischen und kreativen Umgang mit Jugenliteratur im Französischunterricht.

Dessiner une courbe dramatique :
Dessinez sur une fiche une courbe qui montre l'évolution de l'intrigue avec ses « hauts » et ses « bas ». Expliquez ce que vous entendez par « haut » (p. ex. de suspense) et par « bas » (p. ex. peu de suspense).
Au-dessus de la courbe, citez des phrases-clés du roman qui la justifient.

fdt 3 Le début du roman

Material: fdt 3, Tafel, OHF

Ablauf	Kompetenz	Sozialform
1 L liest mit S Beginn des Romans. Es werden erste Eindrücke im Plenum ausgetauscht. Die Protagonistin Laura wird dann zusammen im Plenum oder in PA charakterisiert. Die Ergebnisse werden jeweils im Plenum besprochen und festgehalten.	**Lesen:** Leseverstehen/ Lesestrategien anwenden	UG/PA
2 Nach dem ersten Leseerlebnis des Romans bespricht L Lesestrategien des Romans für den Fortgang der Lektüre. Der Fortgang der Lektüre bis Seite 9 Zeile 20 wird in EA still gelesen. Die weiteren Erkenntnisse zu Laura werden auf dem TB ergänzt. Zusätzlich werden Informationen zur Familie Bergen zusammengetragen. Die S geben ihren Eindruck zur deutschen Gastfamilie.	**Sprechen:** Meinungen äußern, Hypothesen formulieren **Schreiben:** Personen beschreiben	EA/UG

Lösungsvorschläge

2 individuelle Schülerleistungen

3 + 4a

Laura	descend du train après plus de mille kilomètres
	veut perfectionner son allemand
	ne comprend pas tous les mots de Mme Bergen
	hoche la tête en signe de bonne volonté
	ne sait pas exactement pourquoi elle est là
	on ne sait pas ce qu'elle laisse derrière elle
	pratiquait l'allemand comme première langue au lycée
	consentante
	fatiguée
	ne comprend pas une seule phrase en entier
	inquiète au début
	souffle sur ses doigts gelés : c'est un hiver allemand; il fait froid
	elle vient d'avoir dix-sept ans
Mme Bergen et sa famille	attend la jeune fille
	grande, grave et belle
	premier échange avec la fille : bref et approximatif
	conduit un minibus Volkswagen
	elle conduit doucement
	habite dans une maison hors de la ville
	la famille Bergen a un chien
	elle a un fils, Thomas; il a 9 ans
	elle a une fille, Susanne; elle a 14 ans
	les deux enfants aiment regarder la télé

4b individuelle Schülerleistungen

fdt 4 L'atmosphère dans le roman

Material: fdt 4, Tafel, OHF

Ablauf	Kompetenz	Sozialform
Die S lesen nochmals leise bis S. 16, Z. 2 und bearbeiten in PA Aufgabe 1. Die Ergebnisse zur Beschreibungen der Atmosphäre zu Beginn der Lektüre werden im Plenum zusammengetragen. Hypothesen zu Parallelen zwischen der Natur und Lauras Situation zu Beginn des Romans werden im Plenum geäußert. L kann hier auf die Besonderheiten der Sprache in Girauds Roman verweisen. Die kreative Aufgabe bei 1 kann fakultativ angeboten werden. In besonders kreativen Klassen können eigene Zeichnungen oder mitgebrachte Bilder versprachlicht und erklärt werden, was die Sprachkompetenz im Unterricht besonders fördert. Der Fortgang der Lektüre unter o. g. Aspekt wird als mögliche HA vorbereitet, da es sich um ein großes Stück Lektüre handelt. Bezüglich der Empfehlung, den Roman auf einmal zu lesen und danach einzelne Aspekte rauszuarbeiten, können die Seiten in PA nochmals überflogen werden und die wichtigsten Textstellen markiert werden. Dann werden Ergebnisse wieder zusammengetragen und besprochen.	**Leseverstehen** **Sprechen:** Seine Meinung äußern, beschreiben und vergleichen (Natur und Gefühlszustand der Protagonistin Laura) **Kreatives Arbeiten** (fakultativ): Einen Gefühlszustand künstlerisch darstellen	EA, PA, UG

Lösungsvorschläge

1 individuelle Schülerleistungen

2 <u>**la nature et le temps**</u>

7 1 : Cela se passe dans le froid d'un hiver allemand.

8 4–7 : Nous franchissons une rivière dont elle me donne le nom, et je dis que "das ist sehr schön". Et c'est très blanc aussi, les trottoirs, les arbres, le ciel.

9 3 : La maison était hors de la ville… dans l'obscurité le long d'une forêt enneigée.

14 1–18 : Nous marchons dans la nuit … et nous sommes seules à attendre. Le vent fait ployer les arbres qui bordent la forêt et la neige tombe des branches par paquets; … le vent glacé; … mais la nuit semble éternelle et seul me parvient le bruit de mes semelles crissant dans la neige; la lumière est allumée…… "es ist kalt" (il fait froid); le silence qui m'encombre.

15 15ff : C'est bien ce que je craignais, je n'aperçois que des champs enneigés d'un côté, la forêt de l'autre, et une petite route déserte qui descend entre bouleaux et sapins.

3

20 22–26, **21** 1	Le vent souffle toujours aussi fort mais la lumière a fini par s'imposer. Je serais injuste si je n'admettais pas la beauté du paysage qui m'entoure. Le ciel est d'un bleu inespéré et la blancheur, aveuglante. Je voudrais, en cet instant, partager cette sensation avec quelqu'un que j'aime, mon grand frère par exemple, qui d'autre ?
23 1ff	Je m'assois sur la chaise, devant le calendrier épinglé sur le mur, je me remets en tête le nom des mois en langue allemande, Januar, Februar, März, les mois chargés de neige, de nuit et de froid, je ne sais comment je vais traverser les saisons qui me conduiront au bout de mon engagement ni qui je serai devenue quand nous toucherons enfin de l'été. Je regarde les photos du calendrier, et tout me paraît étranger, les arbres, les villages, les maisons, et même la façon dont la fumée sort des cheminées.
30 1ff	Dehors il fait noir et froid, comme tous les matins. Nous sortons et marchons dans l'obscurité, à peine guidées par la faible lueur des lampadaires qui bordent le chemin.
31 7ff	… la nuit encore épaisse. … Tout semble inerte et lourd, déstructuré et pesant, imprécise, tout semble aléatoire.
56 15ff	L'odeur est imprégnée dans les coussins et les tentures. Je crée un petit courant d'air avec ma chambre dont j'ouvre le vasistas. Je fais circuler l'air dans le sous-sol, c'est mon obsession, et je me demande si j'ai toute ma raison.
61 1ff	La journée est grise et la route mouillée… . La neige a fondu et cela crée une atmosphère en demi-teinte, une impression de sépia et de temps anciens. Et je me sens décalée dans ce paysage étranger, je me sens d'une autre époque et d'une autre existence, et je regarde les forêts et les champs comme s'ils n'étaient qu'une image provisoire, un décor sans consistence et sans réalité.
63 1ff	Je marche et le vent se lève, le ciel se dégage et le cri des mouettes m'accompagne un moment. Les premiers rayons du soleil jettent une lumière soudaine sur les façades de brique et l'odeur de la mer me parvient pour la première fois.
68 4ff	La soirée avec les enfants est gaie et détendue.
78 25ff, **79** 10	Nous marchons le long de la forêt de pins,… je me sens bien.

> La nature devient (avec l'arrivée du printemps) plus agréable, le temps s'adoucit. Laura se sent de mieux en mieux. On peut dire qu'il y a un développement parallèle de la nature et des sentiments de Laura, vers le positif / le mieux, la gaieté…

fdt 5a L'Allemagne divisée : Paysage et atmosphère

Material: fdt 5a + fdt 4, Tafel, OHF

Ablauf	Kompetenz	Sozialform
1 S bearbeiten in PA oder GA die Aufgabe 1 mit Hilfestellungen zum Vokabular und präsentieren ihre Ergebnisse vor der Klasse. **2** Diese Aufgabe kann sowohl mündlich als auch arbeitsteilig in PA oder GA bearbeitet und vorgestellt werden. Bei Zeitmangel kann diese Aufgabe auch als HA bearbeitet werden. Die Ergebnisse können in der Folgestunde vorgelesen oder von der L eingesammelt und korrigiert werden. Ggf. Können die S ein eigenes Bild kreieren oder eines suchen.	**Sprechen und Präsentieren:** Bildbeschreibung	PA, GA

Lösungsvorschläge

1 + 2 individuelle Schülerleistungen

fdt 5b L'Allemagne divisée : Le texte, médiation et projets

Material: fdt 5b + fdt 5a, Tafel, OHF, Internetzugang (Code internet 6893cr)

Ablauf	Kompetenz	Sozialform
Aufgabe 1: L und S beschreiben im UG Foto. Dann lesen S in EA vorgegebene Textstelle in Stillarbeit.	**Sprechen:** Bildbeschreibung	UG, EA
Aufgabe 2 kann im Plenum oder in PA gelöst werden. Resultate werden gesammelt und im Plenum besprochen und festgehalten.	**Leseverstehen**	UG, PA
Die kreative **Aufgabe 3** wird in EA erledigt.	**kreatives Schreiben:** le journal intime	EA
Die kreative **Aufgabe 4** in EA oder PA. Ebenso die kreative **Aufgabe 5**. Die L kann beide Aufgaben im Unterricht mit Wahlmöglichkeiten anbieten oder eine Aufgabe davon in die HA verlagern.	**Sprechen:** Hypothesen formulieren (questions)	EA, PA

Aufgabe 6 bietet sich als vorbereitende HA oder Computerraumprojekt im Rahmen einer Doppelstunde oder im Nachmittagsunterricht an. Die Präsentation und der Austausch im Plenum sind jedoch gewünscht.	**Mediation:** Einen Brief aus dem geteilten Deutschland ins Französische über-setzen und in einem Telefongespräch übertragen **Internetrecherche:** Informationen über das geteilte Deutschland sammeln	

Lösungsvorschläge

1 individuelle Schülerleistungen

2 – Laura comprend que la frontière est là, devant elle : elle la voit, elle sépare l'Allemagne.
   – Elle a entendu parler à l'école de cette frontière qui était une ligne symbolique mais maintenant réelle.
   – La frontière est marquée par un grillage haut de plusieurs mètres.
   – Elle la regarde avec les jumelles de Monsieur Bergen.
   – Elle voit les soldats montant la garde en haut des miradors, armés et casqués, des hommes en chair et en os.
   – Les soldats lui font peur.
   – La situation est très intense.
   – Elle éprouve le poids de l'Histoire.
   – C'est comme un voyage pour se rendre compte par elle-même et ce dimanche est peut-être son cours d'histoire le plus précieux.
   – Elle voit des panneaux accrochés au grillage.
   – Elle éprouve un danger de mort.
   – Derrière la frontière existe un monde interdit, dont on imagine qu'il est effrayant parce qu'inconnu. Susanne me tend une pomme et me dit que sa grand-mère habite de l'autre côté.

3 individuelle Schülerleistungen

4 mögliche Fragen
   1. Comment vous sentez-vous dans la vie avec le mur ?
   2. Avez-vous déjà traversé le mur une fois ?
   3. Regrettez-vous votre famille ?
   4. Que pensez-vous du mur et des événements historiques ?
   5. Avez-vous peur des soldats près de la frontière ?

5 + 6 individuelle Schülerleistungen

fdt 5c L'Allemagne divisée : Projets

Material: fdt 5c, Tafel, OHF

Ablauf	Kompentenz	Sozialform
Alle Projektaufträge der fdt 5c können fakultativ eingesetzt und bearbeitet werden. Sie ergänzen Kenntnisse aus dem Geschichtsunterricht oder informieren über neue Erkenntnisse zum geteilten Deutschland.	**Sprechen:** Bildbeschreibung Abfragen von Geschichtskenntnissen aus dem Unterricht (evtl. bilingualer Unterricht) **Leseverstehen** eines Sachtextes **Umgang mit dem Internet** **Präsentieren**	EA, PA, GA, UG

Tipp für L: Als Ergänzung zum Thema kann den S folgendes Werk empfohlen werden: *Thematischer Lernwortschatz Französisch, Les relations franco-allemandes*, Ernst Klett Sprachen, Stuttgart, 2012: Kapitel 6 *Les années difficiles d'après-guerre, La naissance de la RFA et de la RDA*, S. 69 – 72

Lösungsvorschläge

1 individuelle Schülerleistungen

2 1945 = année zéro parce que :
 – fin de la guerre, effondrement du Reich
 – nouvelle Allemagne = le symbole de l'affrontement entre les deux blocs Ouest et Est.

3 1945, les conférences sur le sort du pays vaincu, les 4 forces d'occupations.
L'Allemagne et Berlin en 4 morceaux
Le sort de l'Allemagne hitlérienne vaincue fut scellé bien avant le 8 mai **1945**, jour de la capitulation du gouvernement du Troisième Reich. En effet, les « Trois Grands » (les USA, l'URSS et la Grande-Bretagne) avaient déjà envisagé dès l'automne 1943 lors de la "Conférence de Téhéran" de partager l'Europe occupée par Hitler en deux zones d'influence.
Les Trois Grands (Staline, Roosevelt et Churchill) se retrouvèrent à nouveau à Yalta en février 1945 pour y adopter le principe d'une partition de l'Allemagne. Trois zones étaient prévues, elles devinrent quatre lorsque la France fut acceptée à la table des Trois Grands. Berlin, capitale et symbole du nazisme, fut conséquemment divisée en quatre secteurs.
Division au sein des Alliés : les deux camps
Le 17 juillet 1945, s'ouvrit la Conférence de Potsdam qui va officialiser ces divisions, tout en les accentuant, et ce, même si l'Allemagne est alors dirigée par un organisme commun, la "Commission de contrôle".
Les Alliés n'ayant pas été capable de s'entendre sur la forme de régime politique qu'ils considéraient comme souhaitable pour la future Allemagne, chaque occupant commença à agir pour son propre compte et dans son propre intérêt, ce qui conduisit rapidement l'URSS à faire cavalier seul puis à boycotter les réunions quadripartites.

4   En lisant le texte de Marie-Florence Ehret, on découvre Berlin Ouest après la traversée de l'Est. Berlin Ouest semble très gaie (débauche de lumières, d'enseignes) en comparaison à l'Est (plaine plate, quais de gare deserts, trains tristes avec des vitres sales et opaques) et très ouverte (mélange des architectures, des genres, des gens) alors qu'à l'Est, on ne fait que contrôler (nouveau contrôle, les chiens, les miroirs). Berlin Ouest par ses chantiers renvoie à l'héritage de la Seconde Guerre mondiale. Impossible d'oublier (→ l'église du souvenir) que la ville a été détruite complètement et qu'il faut recommencer à zéro.

fdt 6 La chambre de Laura

Material: fdt 6, Tafel, OHF

Ablauf	Kompetenz	Sozialform
Aufgabe **1** wird zunächst in Stillarbeit, d. h. stillem Lesen vorbereitet. Die Ergebnisse werden dann zusammen im Plenum zusammengetragen oder in Gruppen vorbereitet und dann im Plenum diskutiert.	**Leseverstehen** **Textarbeit** **kreative Aufgabe:** Lauras Zimmer zeichnen, bebildern	EA, UG
Aufgabe 2: In PA besprechen die S ihre Zeichnungen und finden Gemeinsamkeiten und Unterschiede heraus.	**Sprechen:** Bildbeschreibung und diskutieren	
Aufgabe 3 kann in PA oder GA zur besonderen Förderung der Sprechkompetenz gelöst werden. Dann sollte L als Berater zur Verfügung stehen und bei einzelnen Gruppen abwechselnd für einige Minuten zuhören.	**Sprechen:** Bildbeschreibung Seine Meinung äußern und diskutieren	
Aufgabe 4 kann als lektürebegleitende Hausaufgabe aufgegeben werden und zu einem späteren Zeitpunkt besprochen werden. Wenn die Lektüre zu diesem Zeitpunkt bereits vollständig gelesen wurde, kann in GA nach Textstellen gesucht werden. Diese werden dann im Plenum präsentiert und zusammengetragen.	**Textarbeit** **Sprechen:** Diskussion über Lauras Zimmer	
Aufgabe 5: Abschließend sollten die S ein Transfer leisten und von ihrem eigenen Zimmer berichten: Wie ist es? Was bedeutet es für Sie? Die Ergebnisse können dann zusammen im Plenum diskutiert werden und die Bilder (mit den Bildern von 1) aufgehängt.	**Kreatives Schreiben:** *Ma chambre elle est… Pour moi, c'est…*	

Lösungsvorschläge

1 peinture / photo individuelle

La chambre de Laura :

- Une petite pièce au sous-sol, en bas de l'escalier.
- Il y a une forte odeur d'essence.
- Il y a un lit où elle pose son sac.
- Il y une armoire et des rayonnages vides.
- Il y a un miroir accroché à l'intérieur de la porte de l'armoire.
- Face à sa chambre, il y a la "Diskothek", une pièce entièrement revêtue de bois avec un bar, des sièges hauts, une banquette et une petite piste.
- La chambre est au sous-sol où se trouve aussi la buanderie de Mme Bergen avec une machine à laver et du linge qui sèche, la chaudière.
- Elle pose son minicassette sur la table de nuit.

2–5 individuelle Schülerleistungen

fdt 7 Les difficultés de Laura avec la langue allemande

Material: fdt 7, Tafel, OHF

Ablauf	Kompetenz	Sozialform
Aufgabe 1: L legt Folie auf und S äußern sich zum Thema *Fremdsprache* im Plenum. Die Aufgabe kann auch in PA oder mit der Methode des Kugellagers gelöst werden.	**Sprechen:** Bildbeschreibung, Meinung äußern	UG oder PA
Aufgabe 2: Die Textarbeit kann in GA erledigt werden, bei Zeitmangel ggf. gruppenteilig, sprich die Abschnitte können aufgeteilt werden. Die Ergebnisse werden im Plenum besprochen und festgehalten.	**Leseverstehen / Textarbeit**	GA, UG
Kreative Aufgaben 3–6: Alle Aufgaben können in EA, PA oder GA erledigt werden. Dabei bleibt es der L überlassen, ob und welche Aufgaben sie zur Bearbeitung nehmen möchte, oder ob ggf. Aufgaben in die HA oder als längerfristiges Schreibprojekt (z. B. über 1 Woche) gegeben werden soll.	**Kreatives Arbeiten:** écriture, discours devant la classe, jeu de rôle	EA, PA, GA

Tipp für L: Das Rollenspiel mit den Rollenkarten ist im Rahmen einer mündlichen bzw. Kommunikationsprüfung besonders empfehlenswert.

Lösungsvorschläge

1 individuelle Schülerleistungen

2

7 4+5	Je ne suis pas sûre de comprendre tous les mots qu'elle (Mme Bergen) prononce.
7 16–17	J'apprends que, malgré quatre heures d'allemand hebdomadaires depuis plusieurs années, je ne comprends pas une seule phrase en entier.

7 24 – 8 3	Je reconnais le mot « supermarché ». Je m'accroche à ce mot et acquiesce. … dispose pas d'assez de vocabulaire pour exprimer clairement, sans être désagréable…
8 17ff	Bien sûr, je hoche encore la tête en souriant pour masquer l'inquiétude qui me gagne.
9 22ff	Je voudrais demander d'où vient cette forte odeur d'essence, mais je n'ai pas tous les mots pour construire une phrase correcte. Alors je ne demande rien, je me contente de sourire et d'accepter.
10 8ff	Je dis : "Ja natürlich"… parce que je ne vois pas ce que je pourrais dire d'autre…
11 10ff	Tout le monde parle. Beaucoup. Vite. Fort. Je m'agrippe à quelques mots qui me mettent sur la piste. Puis je perds le fil, dérive avant de revenir in extremis dans la conversation.
11 24ff	Chacun doit se demander qui est cette fille quasiment muette, dont le faciès imbécile se contente de sourire, interrogeant du regard les uns et les autres.
14 22ff	Modeste enchaînement de mots tous les matins, à seule fin d'éviter le silence qui m'encombre.
15 1ff	Je n'ose me lancer. / J'aimerais qu'il sache que je ne suis pas indifférente, qu'il peut aussi compter sur moi.
16 24ff	Je suis amputée, je ne peux être moi-même ni dire qui je suis.
29 1ff	Je dois compenser ce langage qui me fait défaut, apprivoiser de nouvelles manières pour exister, ne pas être un petit robot qui mange, dort et sourit sur commande.
30 10ff	Je n'ose rien dire aux parents…Leur présence me fatigue.
82 25 – 83 / 84 12	Pour la première fois, je rêve en allemand. Je parlais impeccablement, je me souviens encore des phrases que j'étais capable de construire, équilibrées et virtuoses. Et le plaisir était là. Tout était simple, léger, évident, et la langue était comme une gourmandise, un bonbon qui fond dans la bouche. Dans mon rêve, c'était le printemps, la température était douce, la lumière plus vive et tout bougeait dehors.

Analyse

Au début de son séjour Laura se sent comme amputée, car elle n'arrive pas à communiquer avec la famille Bergen. Elle se sent très seule et a l'impression que la famille Bergen ne la connaît pas, qu'ils ne voient en elle qu'une jeune fille qui sourit bêtement. Mais au fur et à mesure, une complicité s'installe entre elle et chacun des membres de la famille, comme par exemple quand elle fait des crêpes avec les enfants et qu'ils jouent avec les (gros) mots (**64** 4 – 25). Et puis, quand elle rêve pour la première fois en allemand, c'est pour elle comme une victoire sur la langue. À partir de ce moment-là tout devient plus simple.

3 – 6 individuelle Schülerleistungen

fdt 8a Laura et la famille Bergen

Material: fdt 8a, Tafel, OHF

Ablauf	Kompentenz	Sozialform
Aufgabe 1: Die S äußern sich in PA zum Thema Familie.	**Sprechen:** Bildbeschreibung, seine Meinung äußern	PA
Aufgabe 2+3: Die vorliegenden Textbausteine können von der L vorab vorbereitet und ausgeschnitten werden, so dass die S diese nur aus einem Umschlag zum Ordnen herausnehmen müssen. Sie arbeiten in GA und ordnen diese und begründen ihre Anordnungen anschließend vor der Klasse im Plenum. Dabei sollen auch Bemerkungen zu den Ereignissen und Beziehungen zwischen den einzelnen Textzitaten gegeben werden.	**Leseverstehen:** Textzitate in die richtige Reihenfolge bringen und begründen	GA, UG
Aufgabe 4 ist ein kreativer Schreibauftrag, der als Transferaufgabe nochmals die Textarbeit zusammenfasst.	**Kreatives Schreiben:** Einen Brief schreiben	

Lösungsvorschläge

1 individuelle Schülerleistungen

2

12 17	Tout le monde a qc à raconter, mais personne n'écoute personne. Personne ne me demande qui je suis, d'où je viens, et pourquoi je suis chez eux plutôt que chez moi.
24 16	Quelque chose ne tourne pas rond dans cette famille.
33 9, 18–20	C'est tout le contraire qui m'attend ici où tout semble improvisé… J'ai la sensation d'errer sans but dans un monde que je ne comprends pas, dont on ne m'a pas encore donné la clé, mais dont je pressens qu'il va bientôt m'engloutir.
38 9–12	Rien n'est logique de ce que je vis ici, et sous le calme apparent qui règne sur la campagne et dans la vie de cette famille, je devine que quelque chose me menace.
54 1ff	J'ai envie de pleurer, je me demande ce que je fais là… moi seule suis incapable de profiter de l'instant présent.
48 1–7	…je me familiarise. Je ne sais si les Bergen me prennent pour un de leurs enfants, peut-être ne font-ils pas la différence, puisqu'il semble qu'ils me protègent, m'accompagnent, me paient mes achats et que je m'installe sur le siège arrière du minibus entre Susanne et Thomas.

59 24ff – **60** 1	Je veux lui dire que Susanne a disparu, mais je ne sais plus si l'on dit „hat verschwunden" (a disparu) ou „ist verschwunden" (est disparu). …je tente de rester calme.
65 15ff	Quand monsieur et madame Bergen descendent, ils ne sont pas comme d'habitude. Ils boivent leur café en fumant, exactement comme tous les jours, mais l'atmosphère qu'ils dégagent est étrangement chargée.
68 18ff	Cela me repose de passer une soirée sans avoir à me soucier de mon langage, je mélange l'allemand et le français et cela fait rire les enfants quand je dis… . Cela me libère de ne pas avoir à tenir une conversation soutenue avec deux adultes qui me questionnent sans vraiment s'intéresser à moi.
69 22ff	…il me faudrait une palette de mots plus élaborée que mes basiques j'aime ou j'aime pas, je connais, je ne connais pas…; … fastidieux.
75 3	…je souris, je serre Thomas et Susanne contre moi et nous trois demeurons plantés…
100 30	…je deviens l'adulte et elle l'enfant (Mme Bergen).
108 8	…je fais à présent partie de la famille. Je suis à la charnière entre les adultes et les enfants.
115 17ff	Et pour la première fois, je me sens libre, étrangement légère, libre parce que étrangère, dans une vie provisoire, sans témoin, sans passé. Sans rien à prouver.
130 1	Je suis étonnée de me sentir si bien…
173 31	Ils vont me manquer (Susanne et Thomas).

3 + 4 individuelle Schülerleistungen

fdt 8b Une histoire de familles

Material: fdt 8b, Tafel, OHF

Ablauf	Kompetenz	Sozialform
Aufgabe 1: Die S beschreiben die Fotos mit Gemeinsamkeiten und Unterschieden im Plenum oder in PA.	**Sprechen:** Bildbeschreibung, seine Meinung äußern	PA, UG
Aufgabe 2: Die Textarbeit kann gruppenteilig bearbeitet werden. Die Merkmale der deutschen und französichen Familien können aufgeteilt und dann im Plenum zusammengetragen, besprochen und verglichen werden.	**Leseverstehen**	GA

Aufgabe 3 kann im Plenum als UG durchgeführt werden und fasst die Ergebnisse von Aufgabe 1 + 3 zusammen.		UG
Aufgabe 4: Der kreative Schreibauftrag kann im Unterricht oder als HA erledigt werden.	**Kreatives Schreiben:** einen Brief schreiben	EA
Augabe 5: Diese Aufgabe führt die Aussagen der Stereotype beider Kulturen fort und verlangt nochmals ein Leseverständnis und Austausch im Plenum.		UG

Lösungsvorschläge

1 individuelle Schülerleistungen

2

la famille française	la famille allemande
31 13ff – **33** 8 : C'est l'inverse de la maison où tout était orchestré un ordre parfait, les horaires, les habitudes, les repas… Tout savamment agencé comme préparé à l'avance, maîtrisé. Les parents dans leur rôle de parents, accomplissant leur devoir de parents, levés chaque matin à l'aube, masquant leurs chutes de moral et leurs tours de reins, minimisant leurs déconvenues et leurs soucis, camouflant leurs lubies, utilisant leur vocabulaire de parents, leurs expressions toutes faites. La maison où tout semblait immuable, les quarante minutes que durait invariablement chaque repas, la vaisselle exécuté par ma mère pendant que l'un d'entre nous essuyait la table et que mon père s'éclipsait vers le salon avec une bouteille de vin, les sorties à vélo le dimanche, maman avec la nourriture et les boissons pendant des excursions les aspirines, l'arnica. La bonne maîtrise des situations dans la maison; l'équilibre entre famille, hygiène, éducation et plaisir. Maman et son plaisir de la mission accomplie dans les règles de la bonne éducation et selon ses critères de famille unie.	**31** 10ff Rien ne s'amorce ici, rien ne me tient… **33** 9ff C'est tout le contraire qui m'attend ici où tout semble improvisé, décidé sur-le-champ. – le réveil à heures fantaisistes – la télévision allumée en permanence – les promenades du chien à l'envi – les repas de midi debout dans la cuisine ou emportés dans les chambres – les lits des enfants jamais faits – la salle de bains dans un désordre perturbant – les allées et venues des uns et des autres selon une règle que je ne parviens pas à décrypter – seuls repères, la navette scolaire qui passe à heure fixe et le retour de Susanne un peu après treize heures. J'ai la sensation d'errer sans but dans un monde que je ne comprends pas, dont on ne m'a pas encore donné la clé, mais dont je pressens qu'il va bientôt m'engloutir. Ce n'est pas de la peur que j'éprouve mais une légère appréhension doublée d'une impression de mystère. Ces gens qui vivent au ralenti, sans exigences et sans règles apparentes, et qui m'obligent à tout modifier en moi, mon rythme, mon énergie, mon jugement.

Une autre forme d'existence, molle (sans énergie), distordue (zeitlos) et libre en apparence. Je découvre un nouveau mode de relation entre les êtres, où n'affleurent pas l'angoisse, le souci d'efficacité ni la volonté de contrôler les actes de chacun. Ici personne ne planifie, personne ne se préoccupe du temps qui passe, personne n'organise quoi que ce soit quand le week-end arrive. Personne n'a peur du lendemain. C'est que je crois.

→ Les deux familles sont très différentes (voir exemples ci-dessus) mais toutes deux ont un point en commun : toutes deux ont un drame familial à surmonter. La famille française doit surmonter le drame de la mort de Léo, le petit frère de Laura. La famille allemande doit surmonter la maladie de Mme Bergen.

3 + 4 individuelle Schülerleistungen

5 68 25ff : Ils m'ont demandé il y a peu où nous allions en vacances, ma famille et moi, est-ce que nous aimions la Côte d'Azur.
69 1ff : Je voulais répondre avec humour que mes parents n'apprécient pas la Côte d'Azur l'été parce qu'il y a trop de monde, et trop d'Allemands surtout, mais il m'aurait fallu un sacré doigté pour me permettre une réponse aussi osée. J'aurais voulu expliquer que les Français sont jaloux des Allemands, à cause de leur pouvoir d'achat et de la force du mark, que les Français sont complexés quand ils arrivent dans les campings ou les petits hôtels, ils prennent les chambres les moins chères et vont rarement au restaurant, alors que les Allemands commandent des entrées, des desserts et une boisson pour chaque enfant, les Allemands sont les rois en France, ça c'est mon père qui le dit, ils consomment ce que le Français moyen ne peut pas s'offrir. Le Français ne digère pas la puissance du mark ni l'idée d'être pauvre chez soi…

fdt 9 Les personnages du roman

Material: fdt 9, Tafel, OHF, Poster

Ablauf	Kompetenz	Sozialform
L stellt den S die Redemittel für die Personenbeschreibung zur Verfügung. Die Aufgabe zur Erstellung der Porträts der Protagonisten Laura und Madame Bergen kann im Unterricht arbeitsteilig durchgeführt werden. Die Ergebnisse zu den beiden Personen werden vorgestellt und besprochen. Die L kann den Hinweis geben, dass die S ihre Ergebnisse auf ein Poster schreiben können, das dann im Klassenzimmer aufgehängt wird. In einem Projekt oder als HA können die anderen Personen auf dieselbe Art und Weise bearbeitet werden. Die Ergebnissicherung erfolgt wünschenswerterweise wieder auf Postern.	**Leseverstehen Sprechen** und **Präsentieren**	GA, PA

Lösungsvorschläge

1 + 2

Laura :

10 23ff : Les cheveux si courts qu'on aperçoit son crâne.

11 2 : Je voulais à ce point m'enlaidir.

15 2ff : Elle n'est pas indifférente, on peut compter sur elle.

17 1ff : Timide, ne regarde pas dans la direction de M. Bergen.

27 1ff : crâne presque rasé, corps mince et teint basané

34 27 : Elle était au lycée en France.

64 5ff : Elle a arrêté le lycée à quelques mois du bac, l'impossibilité d'aller en cours, les journées passées à la maison, sans but ni consistance…

Madame Bergen :

7 3 : grande, grave et belle

12 14 : Elle boit de la bière, fume.

19 12ff : Elle est habillée légèrement pour la saison, prend des médicaments.

27 24ff : Elle n'aime pas la coiffure de Laura, elle prend alors un air navré…

52 1 : Elle sourit tristement.

52 9 : Elle accompagne Laura régulièrement à la bibliothèque.

68 2 : les larmes mystérieuses de Madame Bergen

99 3 : Elle souffre du cancer.

101 3 : une femme de quarante ans

136 26 : belle

Thomas :

8 26 : Thomas, quatorze ans

15 1ff : Il semble pressé.

26 25ff : Il me regarde depuis mon arrivée, comme qc d'exotique… visiblement il ne pense rien.

27 8 : un garçon conciliant

31 3ff : Un adolescent mystérieux et sensible, sera un précieux partenaire.

31 7 : Il a une mobylette.

38 20 : Il ne parle pas beaucoup.

43 14ff : les cheveux longs

68 7 : Lui et sa sœur sont contents que les parents soient absents.

106 13 : Il fait des progrès à la guitare.

Susanne :

8 26 : Susanne, neuf ans

12 21 / **13** 1ff : Je sens qu'elle m'observe comme si je venais d'une autre planète… / Susanne fait démonstration de son savoir-faire… / Elle n'est pas loin de se moquer de moi. > Elle est dure avec Laura, elle la teste.

29 8ff : Visiblement, elle entend augmenter d'un cran l'incompréhension qui nous sépare… / en me tournant le dos > Elle ignore Laura.

38 20 : Elle parle beaucoup.

56 20 / **60** 2 : Elle ne va pas à l'école tous les jours / disparaît régulièrement.

Monsieur Bergen :

12 12 : moustache

12 14 : Il boit de la bière, fume.

156 5 : Il pleure devant Laura à cause de la maladie de sa femme.

159 20ff : C'est comme un étranger… qui n'a rien à voir avec le monsieur Bergen que je connais le jour, discret et mesuré, prévenant, attentif mais distant.

170 22ff : Il me dit qu'il parle le français depuis qu'il est enfant.

171 22 : Il n'a pas eu de frères et de sœurs.

le grand-père Bergen :

85 6 – **88** 9 : Il a un bagage léger, il parle peu, il ne fait aucun bruit, il se déplace d'une pièce à l'autre avec une lenteur exagérée, il se soucie des enfants, sourd, il entend mal, considère Laura avec respect, il est passé par Paris pendant la guerre, il était soldat ou officier

171 1 : C'est lui qui a enseigné le français à son fils… il était d'une exigence folle, il ne supportait plus l'allemand…

fdt 10 Apprentissage de la vie

Material: fdt 10, fdt 10A en ligne (Code internet : h2666c), fdt 1 (Aufgabe 4), Tafel, OHF

Ablauf	Kompetenz	Sozialform
1 L vervielfältigt die Monologkarte und foliert sie ggf. Dann werden die (folierten) Karten an die S verteilt. Nach der Vorbereitung äußern sich die S in PA zu der vorgegebenen Aufgabe. Die Partner können dann x-beliebig oft gewechselt werden, dass ein hoher Sprechanteil bei den S zustande kommt. Falls gewünscht, können einige S-Paare ihre Ergebnisse auch vor der Klasse präsentieren.	**Sprechen:** Monologkarte / Meinung äußern und diskutieren	PA
	Methode: Erschließen eines grammatischen Phänomens: *le subjonctif*	UG
2 Das Leseverstehen kann zunächst in Einzellektüre vorbereitet werden. Die Ergebnisse können zunächst an der Tafel oder auf einer OHF zusammengetragen werden, bevor die o. g. Paare wieder in die Diskussion zusammengeführt werden. Bei besonders leistungsstarken S kann auch sofort mit der Diskussion begonnen werden.	**Leseverstehen**	UG, PA

Tipp für die L: Die unten aufgeführten Redewendungen können mit Folie aufgelegt werden und die S wiederholen somit den *subjonctif*, der zahlreich in der Lektüre vorkommt. Zur Wiederholung der Bildung und dem Erkennen der Formen können die u. angeführten Beispiele aus dem Text aufgelegt werden. Die Regeln werden in einem TB festgehalten.

3 Bevor die S die Aufgabe 3 bearbeiten kann L nach schweren Situationen im Text fragen. Dabei kann L Foto der Autorin B. Giraud auflegen und auf Frage 4 von fdt 1 verweisen, wo es um die schmerzlichen Erfahrungen beim Erwachsenwerden von Laura geht: « … *elle éprouve plusieurs sortes de douleur (elle éprouve du chagrin à cause de son frère mort), elle a honte (la langue étrangère)… »* Diese *Erfahrungen* gilt es dann nochmals im Text herauszuarbeiten und zusammenzufassen.	**Leseverstehen**	EA
4 Diese Aufgabe kann im Plenum besprochen werden.	**Leseverstehen**	UG
5 Diese Aufgabe kann als HA oder als PA mit Präsentation vor der Klasse bearbeitet werden.	**Kreatives Schreiben:** Einen Brief schreiben	PA

Tipp für L: Wiederholung des *subjonctif*
Diese Redewendungen stehen auch als Online-fdt 10A Code internet : h2666c zur Verfügung.

I. Bildung des *subjonctif*

3. Person Plural Indikativ Präsens + Endungen: **-e, -es, -e, -ions, -iez, -ent**

il faut que / qu'

ils finissent → je finisse, tu finisses, il / elle / on finisse

ils partent → nous partions, vous partiez, ils / elles partent

!!!Achtung!!! Verben mit abweichenden Stämmen in der 1. und 2. Person Plural Präsens behalten diesen auch im Subjonctif:

il faut que / qu'

ils prennent → je prenne

nous prenions → nous prenions

vous preniez → vous preniez

Unregelmäßige Bildungen

avoir → que j'aie / que nous ayons   faire → que je fasse / nous fassions
être → que je sois / nous soyons   aller → que j'aille / nous allions
pouvoir → que je puisse / nous puissions   vouloir → que je veuille / nous voulions
savoir → que je sache / nous sachions   falloir → qu'il faille / nous fassions

II. Anwendung des *subjonctif*

Commencez vos phrases par …

Je (ne) veux / voudrais (pas) que…+ subj   J'aimerais mieux que…+ subj

Je désire / souhaite que…+ subj   Je préférerais que…+ subj

J'espère que…   Je (n')aime (pas) que…+ subj

Je trouve que…   Je déteste que…+ subj

Je trouve important que…+ subj   Je crains que…+ subj

Beispiele aus dem Text

68 7		Susanne et Thomas sont contents que leurs parents **soient** absents.
68 11		(nous) nous amusons à dire quelques gros mots que les enfants m'**apprennent...**
71 18		Il faut que j'**aie** des antennes, que je sois double en permanence...
72 27		On est heureux qu'elle **soit** tombée chez nous...
89 1ff		La consigne... faire place nette, pour que les meubles **puissent** être emportés.
94 11		... c'est le seul que je **comprenne**.
121 9		c'est moi qui ai proposé que nous **rendions** visite au grand-père
148 28		J'attends que monsieur Bergen **ait** quitté la maison chaque matin...

Lösungsvorschläge

1+ 2 individuelle Schülerleistungen

3

44 22ff	la mort de mon petit frère Depuis qu'un jour ma mère a prononcé la phrase de trop...
45 1ff	...qui dit que mon père est responsable de ce qui est arrivé... Ma mère a dit qu'elle n'avait jamais donné son accord pour l'achat de la mobylette. ...et mon père tant formel quant à l'injustice qui le désigne comme seul responsable.
46 2ff	Elle aurait évoqué ce que craignent tous les parents, la possibilité de l'accident et de l'accident mortel... Elle n'avait pas voulu de mobylette...
59 9ff	Ce n'est plus Susanne que je cherche mais Léo,..., j'ai l'impression d'avoir parcouru ce millier de kilomètres pour oser enfin chercher Léo, c'est ici que j'imagine le trouver,... Léo ne reviendra pas. Il m'a fallu tout ce temps pour en être sure. Pas loin d'une année.

4 Laura est paniquée quand Susanne ne va pas à l'école, car Susanne peut être de mauvaise humeur. Elle fait souvent des caprices et elle teste Laura en ne faisant rien de ce que Laura lui dit. Elle est têtue. Elle ressemble beaucoup à Léo, le petit frère de Laura : « elle me jette un regard mi-accusateur, mi-désespéré, qui me rappelle les regards que jetait mon petit frère Léo à mon père... » (**58** 16 – 18) Et quand Susanne disparaît, Laura a toujours peur qu'elle ne revienne jamais, qu'il lui arrive quelque chose, comme à son frère Léo : « ce n'est plus Susanne que je cherche, c'est Léo. »

5 Laura apprend en Allemagne qu'elle est partie pour faire le deuil de son frère. Enfin elle comprend que Léo est bien mort et qu'il ne reviendra jamais. « Léo ne reviendra pas. Il m'a fallu tout ce temps pour en être sure. Pas loin d'une année. » (**59** 23 – 24)
+ individuelle Schülerleistungen

fdt 11 Laura et la lecture

Material: fdt 11, Tafel, OHF, Code internet : a34fp5

Ablauf	Kompetenz	Sozialform
1 Aufgabe 1 kann als Hinführung zum Thema im Plenum besprochen werden. **2** Der AA kann im Plenum weitergeführt werden oder in PA oder GA besprochen werden. Zur Förderung der Sprechkompetenz empfiehlt sich der Vorschlag in PA oder GA. Einzelne Ergebnisse können dann im Plenum abgefragt werden.	**Sprechen:** Bildbeschreibung, seine Meinung äußern, diskutieren	UG PA, GA
3 Dieser AA kann vorbereitend als HA aufgegeben werden oder im Rahmen einer Doppelstunde im Computerraum recherchiert werden. Bei Zeitmangel kann diese Aufgabe auch entfallen. L hat weiterhin die Möglichkeit, die *commandements* von Pennac als OHF zur Diskussion in der Klasse aufzulegen.	**Internetrecherche Kommentieren**	HA / UG
4 Dieser AA sollte in PA oder GA bearbeitet werden. Die Ergebnisse werden dann im Plenum zusammengetragen und besprochen.	**Leseverstehen / Interpretieren**	PA, GA
5 + 6 Diese Aufgaben bieten sich als HA an, um gelerntes und besprochenes Wissen zu reaktivieren und zu versprachlichen. Einzelne Ergebnisse können in der Folgestunde präsentiert werden. Die L kann einzelne S-Arbeiten einsammeln und korrigieren.	**Schreiben:** Interpretieren, über eigene Erfahrungen berichten	EA

Code internet : a34fp5

Lösungsvorschläge

1 + 2 + 3 individuelle Schülerleistungen

4

passages sur Laura et ses lectures	Que ressent-elle ? / Pourquoi lit-elle ?
39 3 – **40** 8	Laura est heureuse de savoir que la ville dans laquelle elle va vivre quelques mois est celle de Th. Mann. *La Montagne magique* est pour elle comme un refuge qui va la sauver une deuxième fois de la solitude.

50 23 – **51** 15	Laura se plonge dans la lecture de *La Montagne magique* pour perfectionner son allemand. Elle espère aussi en s'en remettant à Hans Castorp qu'elle plongera aussi dans l'Histoire allemande. Elle espère que Mann la détournera de son passé et lui fera supporter son présent.
62 8 – **63** 5	Laura a choisi Th. Mann comme compagnon de route parce que sa présence imprègne les rues de la ville. Elle a besoin de construire une histoire qui n'appartienne qu'à elle.
73 10 – 25	Laura est étonnée de s'accrocher à un livre dans lequel rien ne se passe, mais la façon dont Th. Mann parle du temps lui rappelle sa vie à elle, ses attentes.
84 13 – **85** 5	Comme Laura ne comprend pas tous les mots qu'elle lit, elle réinvente les histoires, comble les trous avec son imgination à elle. Elle aime l'humour, le burlesque avec lequel écrit Th. Mann.
101 6 – 23	Laura lit *Mein Kampf* pour se prouver qu'elle est une aventurière qui ose transgresser des interdits.
128 24 – **129** 10	Laura aimerait parler de *Mein Kampf* avec d'autres jeunes pour savoir ce qu'ils en pensent, s'ils l'ont lu. Mais elle n'ose pas.
169 25ff – **170** 19	Laura pense à sa chambre qui l'attend en France, aux livres qu'elle a lus. Cela l'aide à faire le lien entre sa vie actuelle et sa vie d'avant.

5 + 6 individuelle Schülerleistungen

fdt 12 Le grand-père et la Seconde Guerre mondiale : Texte et projets

Material: fdt 12 + fdt 9, Tafel, OHF, Internetzugang, fdt 12A en ligne (Code internet : g9v5cm)

Ablauf	Kompentenz	Sozialform
Zunächst bearbeiten S und L gemeinsam **Aufgabe 1** Der vorliegende Textausschnitt kann laut im Plenum vorgelesen werden. Die Beschreibungen des *grand-père* werden im Plenum zusammengetragen und festgehalten. Siehe auch fdt 9 (→ Stratégie : faire un portrait)	**Lesen** **Sprechen** und **Präsentieren:** Personen beschreiben	UG

Aufgabe 2 Dieser AA kann in PA vorbereitet werden, bevor die Ergebnisse im Plenum besprochen und festgehalten werden.	**Lesen**	PA
Aufgabe 3 Dieser AA beinhaltet verschiedene Projekte zum geschichtlichen Hintergrund des *Seconde Guerre mondiale*. Die Aufgaben können in der Klasse gruppenteilig bearbeitet und am Ende präsentiert werden. L ist dabei Beobachter, gibt Hilfestellungen und ist Ratgeber. Für die Aufgaben können Hilfsmittel wie Wörterbücher zur Verfügung gestellt werden. Im Rahmen von Doppelstunden und wenn die Schule über PC-Räume verfügt, kann dieses Projekt auch derart erledigt werden. Für das Projekt D verweist L auf den Online-Link. Die S können aber auch eigenständige Suchergebnisse präsentieren.	**Projektarbeit** (fakultativ): **Internet-recherche**	GA

> Code internet :
> m56m9z

Lösungsvorschläge

1

apparence physique (sexe, âge, taille, visage, cheveux, yeux)	– docile (zahm), poli – Laura aime les yeux du père de monsieur Bergen au premier regard.
environnement social (nationalité, situation familiale profession, relations avec Laura)	– Il vit dans une maison de retraite : un immeuble d'un quartier de banlieue assez terne. (glanzlos) – Il n'a pas de femme. – Il serre la main de Laura longuement comme si elle faisait partie de la famille. – Il semble aimer l'idée que Laura soit française. – Il prononce des mots français, on ne comprend pas tout de suite parce que sa voix siffle plus qu'elle n'accroche les syllabes et sa respiration encombrée l'empêche d'enchaîner sans que la phrase soit hachée. – Il dit : *"Mes hommages mademoiselle"*. > très poli – accent germanique épais (stark) – un duc et Laura une princesse, digne – Il considère Laura avec respect, s'intéresse à elle.
comportement / traits de caractère (actions, réactions, manière de parler…)	– Il a préparé une petite valise, légère. – Il parle peu. – Il ne fait aucun bruit. – Il se déplace d'une pièce à l'autre avec une lenteur exagérée. – Il se soucie des enfants puisqu'il cherche dans le buffet encore en place des verres et une bouteille de soda. – Il est sourd, les autres crient pour parler avec lui.

2 **Le grand père Bergen** est passé par Paris pendant la guerre : il aime Paris. On ne sait pas s'il a habité la ville, s'il était simple soldat ou officier, est arrivé à Paris pendant l'Occupation et y a vécu quelques mois après la fin de la guerre. Il laisse derrière lui une histoire pleine de non-dits et de violence. Il aimait une femme française très profondément.

3 **Projet A:** Lösungsvorschlag steht auf fdt 12A online zur Verfügung und kann ggf. ausgegeben werden oder nur referiert werden.

Code internet : g9v5cm

Projet B:
La photo illustre la rencontre entre Hitler et Pétain à Montoire au cours de laquelle le principe de Collaboration est établi.
+ individuelle Schülerleistungen

Projet C:
Le 17 juin 1940, le sous-secrétaire d'Etat à la guerre, Charles de Gaulle (1890 – 1970) arrive à Londres. Décidé à poursuivre la lutte alors que Philippe Pétain a demandé le 17 juin aux Français de cesser le combat, il lance le 18 juin son premier appel radiodiffusé invitant à la résistance. Cet appel marque la naissance de la "France libre".

Hinweis für L: die SuS können sich auf youtube.com l'appel du 18 juin 1940 anschauen und ggf. ihren Mitschülern zeigen.

Projet D: individuelle Schülerleistungen

fdt 13a + b Une année étrangère : Texte et projets

Material: fdt 13a + b, Tafel, OHF, Internetzugang, fdt 13b en ligne (code internet gw68hn)

Tipp: Als Ergänzung zum Thema kann den S folgendes Werk empfohlen werden: Thematischer Lernwortschatz Französisch, Les relations franco-allemandes, Ernst Klett Sprachen, Stuttgart, 2012: Kapitel 4 La Seconde Guerre mondiale, S. 42–61

Ablauf	Kompetenz	Sozialform
fdt 13a **1** Dieser AA wird von den S in PA erledigt. S-Ergebnisse werden im Plenum ausgetauscht.	**Sprechen:** Eigene Meinung äußern	PA, UG
2 Zunächst wird in EA gearbeitet (Lesen des Textes). Die Textbeispiele können dann in PA zusammengetragen und im Plenum besprochen werden oder wie Aufgabe 1 sofort im Plenum zusammengetragen und besprochen.	**Lesen und sprechen:** Textanalyse	PA, UG
3 Der kreative Schreibauftrag, kann ggf. im Unterricht aber vorzugsweise als HA erledigt werden.	**Kreatives Schreiben:** Innerer Monolog	EA
4 Es ist empfehlenswert diesen AA im Unterricht durchzuführen und ggf. bei großer Motivation in der Klasse, die Ergebnisse vorstellen zu lassen.	**Sprechen:** Rollenspiel	PA

Tipp für L: Siehe Erklärung zur Methode des Placemats unten

Siehe hierzu auch:

Code internet : z88h6i

Siehe hierzu auch:

Code internet : i3a2b4

Siehe hierzu auch:

Code internet : u2nx4f

fdt 13b		
1 Die placemat activity wird in 4er Gruppen durchgeführt und einzelne Ergebnisse können im Plenum vorgestellt werden.	**Sprechen**	GA, UG
2 Der AA erfolgt dann im UG.	**Sprechen**	UG
3 Der kreative Schreibauftrag kann im Unterricht erledigt und vorgestellt werden, bietet sich aber als HA an. Hier kann L TB (s. unten) vorab einführen und kleinere Übungen zu Nationalitäten und Ländern wiederholen.	**Kreatives Schreiben**	EA
4 Dieser AA kann als vorbereitende HA erledigt werden oder als Projekt im Computerraum durchgeführt werden. Das Ausfüllen von Originalfragebögen hat einen großen Motivationsfaktor für die S, weil sie lebensnah und zukunftsorientierend sind.	**Schreiben:** Formulare online ausfüllen	PA
5 Dieser AA kann im Plenum, in PA oder GA bearbeitet werden und unterstützt nochmals das Training zur Sprachkompetenz.	**Sprechen:** Über Erfahrungen anderer sprechen	PA, GA
6 Die Diskussion wird im Plenum durchgeführt. Die Unterrichtsstunde wird dadurch abgerundet und das Thema erweitert.	**Sprechen**	UG

Lösungsvorschläge

fdt 13a

1 individuelle Schülerleistungen

2 – Une fille au pair n'est pas toujours dans une simple situation de travail.
- On attend beaucoup de choses d'elle : un service rendu, une présence particulière, une façon d'être, la construction d'un lien, donner son temps, de sa patience, de son énergie comme le ferait une grande sœur.
- Accepter et valoriser une nouvelle culture avec ses particularités : le style français, la langue française.
- Elle donne de la chaleur humaine, s'occupe des membres de la famille, aide avec des conflits, console peut-être une personne dans la famille quand elle a des problèmes.
- Elle doit être gaie, dynamique, efficace, généreuse et inventive.
- Elle doit redonner vie à la famille, elle fait le ménage, range la maison et les chambres.
- Elle accepte des mauvaises habitudes et réinvente une façon de vivre ensemble.

- On veut une fée, une jeune fille épanouie qui respire la vie à pleins poumons.
- Elle ignore ses sentiments et besoins, son histoire parce qu'on l'observe comme une figure qui veut justement apprendre l'allemand.
- On est heureux qu'elle soit tombée chez nous plutôt que chez les voisins.
- On doit accepter qu'on n'accepte pas la musique qu'elle écoute.
- On ne s'intéresse pas trop à sa famille.
- Quelquefois on est comme une autre personne.
- Il faut changer d'identité, peut-être s'inventer d'autres parents (une mère professeur de français et un petit frère encore en vie).

3 + 4 individuelle Schülerleistungen

fdt 13b

1 + 2 + 3 + 4 + 5 + 6 individuelle Schülerleistungen

Tafelbild: Les noms de pays

Complétez !

Tipp für L: TB steht auch als Online-fdt Code internet : gw68hn zur Verfügung.

	weibliche Ländernamen	männliche Ländernamen	Ländernamen im Plural
Il / Elle est / va / habite / est né(e)...	en Allemagne en France en Autriche en Espagne en Italie	au Portugal au Danemark au Canada au Mali au Sénégal	aux États-Unis aux Pays-Bas
Il / elle est / vient	d'Allemagne de France de de de	du du du du du	des États-Unis des

Tipp: Fast alle Ländernamen, die auf –e enden, sind weiblich.

Traduction
Er kommt aus Frankreich. Il vient de France.
Sie wohnt in Kanada. Elle habite au Canada.
Jorge kommt aus Dänemark. Jorge vient du Danemark.
Wir gehen nach Deutschland. Nous allons en Allemagne.

Die **placemat activity** stammt aus dem Kooperativen Lernen, einer Form der Gruppenarbeit. Die Klasse wird in mehrere Gruppen aus drei bis vier Mitgliedern aufgeteilt; jede Gruppe erhält ein vorbereitetes Arbeitsblatt, ein placemat, mit einem bestimmten Arbeitsauftrag, der in der Mitte formuliert ist.
Jeder Schüler schreibt nun schweigend in einer vorher festgelegten Zeit seine Gedanken auf seinen Teil des placemat (think). Im Anschluss werden die Stellungnahmen der anderen stumm gelesen und verglichen (pair). Im dritten Durchgang (share) einigen sich die Gruppemitglieder auf eine gemeinsame Stellungnahme, die vor der Klasse vorgetragen und ggf. diskutiert wird. Das gemeinsame Ergebnis wird anschließend in die Mitte geschrieben.

Tipp zur Methode Placemat activity – Think Pair Share

Après la lecture

fdt 14 Écrire une critique du roman

Material: fdt 14, Tafel, OHF, Internetzugang, fdt 14A en ligne (Code internet : h8gf4e)

Ablauf	Kompetenz	Sozialform
Hinführung: Évaluer un livre Um zu einer differenzierten Gesamtbetrachtung der Leseeindrücke zu gelanden, wird folgendes **TB** entworfen: Évaluer le roman J'aime le roman pas du tout un peu beaucoup. Die L teilt den S Klebezettel aus, auf die sie in einem Satz ihre Meinung zum Buch notieren und begründen. Beispiele: *J'ai beaucoup aimé le livre parce que…; Je n'ai pas du tout aimé le roman parce que…* Sobald alls S eine Begründung genannt haben, treten sie nacheinander nach vorne und heften ihren Zettel an der Stelle der Tafel an, der ihrer Meinung am ehesten entspricht. Das Meinungsbild der gesamten Klasse sollte anonymisiert bleiben und kann als Abschluss unkommentiert, aber für alle einsehbar stehen bleiben. Denkbar ist aber auch, dass die L in einem UG auf die auffälligsten Beobachtungen eingeht und das Plenum fragt warum jemand den Klebezettel wohl an diese oder jene Stelle gesetzt hat.	**Sprechen:** Seine Meinung äußern / begründen / präsentieren	UG
1 Die S bearbeiten in EA diese Aufgabe und tauschen sich zunächst in PA aus, dann können einige Meinungen im Plenum besprochen werden.	**Sprechen:** Seine Meinung äußern / begründen / präsentieren	EA, PA

2	Schreiben:	EA, PA, GA
Der AA kann in EA als vorbereitende HA oder als PA oder GA im Computerraum vorbereitet werden. Den Schreibauftrag erledigen die jeweiligen Partner / Gruppen zusammen und präsentieren ihre Ergebnisse im Plenum. Sollte der AA aus technischen Gründen nicht möglich sein, kann L die unter folgendem Code internet h8gf4e Kritiken aus fdt 14A auf Folie kopieren und auflegen. Ausgehend von diesen Beispielen können dann eigene Kritiken geschrieben werden.	– Eine Romankritik verfassen – Werbung für ein Buch machen **Internetrecherche**	

Code internet : h8gf4e

Lösungsvorschläge

individuelle Schülerleistungen, die von L ggf. korrigiert werden.

fdt 15 Klausurvorschläge + Erwartungshorizonte

Die hier zwei vorgeschlagenen Klausurvorschläge dienen als Vorbereitung der schriftlichen Abitur-Prüfung.

Tipp: Weitere geeignete Texte für Klausurvorschläge finden Sie in: *Les Relations francoallemandes dans la littérature française*, W. Bohusch / D. Rambaud, Ernst Klett Sprachen, 2013, Klett-Nummer: 591586

Les couvertures du livre

1. *Présentez la photo et décrivez-la. Référez-vous au premier plan : Quoi, où, quand… ? Décrivez aussi l'arrière-plan : Que voit-on d'autre sur cette route ? Parlez aussi des couleurs et de l'ambiance de cette photo.*

_____

_____

_____

_____

_____

_____

→ fdt 1A

2. *Regardez, c'est la couverture de l'édition poche du roman* Une année étrangère. *Décrivez-la et comparez-la avec la photo précédente. À votre avis, de quoi est-ce que le roman pourrait parler ? Vous pouvez utiliser les expressions suivantes. Comparez vos idées avec celles de l'exercice 1.*

> **Stratégie : Pour parler du roman**
> L'histoire parle de…; se passe à / dans / chez…; traite peut-être le thème de…;
> Il s'agit de…
> Dans le roman, il est question de…
> La / le / les protagoniste(s) du roman est / sont…
> Il(s) / Elle(s) passe(nt) une année à l'étranger, parce que / dans le cadre de…

→ fdt 1A

3. *Lisez la quatrième de couverture. Quels sont les sujets du roman ?*
Nommez des exemples de situations dans lesquelles vous avez fait de telles expériences ou dans lesquelles vous pourriez faire de telles expériences. Décrivez vos sentiments. Référez-vous aussi au titre du livre.

4. *Regardez l'interview avec l'auteure Brigitte Giraud et répondez aux questions suivantes :*
  a. Quels sont les sujets principaux du livre ?
  b. Pourquoi Brigitte Giraud a-t-elle écrit ce roman ?
  c. Qu'est-ce qu'on apprend sur Laura, la protagoniste du roman ?

Code internet : 965y7k

Klett

Votre carnet de lecture !

Titre du livre :...

Auteur :...

Utilisez un classeur pour votre carnet de lecture. Préparez une page avec une table des matières.
Réfléchissez à une bonne mise en page de vos textes. Vous pouvez bien sûr travailler à l'ordinateur.
Si vous voulez, vous pouvez illustrer vos idées et ajouter des dessins, des coupures de journal, des cartes, etc.
Vous pouvez aussi ajouter d'autres résultats de votre lecture, p. ex. un filet à mots que vous considérez important
pour parler de quelque chose ou le résultat d'une discussion que vous avez eue avec vos copains de classe.

→ fdt 2A **1. Activités obligatoires !**

Résumez le contenu du roman en utilisant vos propres mots.
Dessinez une courbe dramatique avec les phrases-clés du texte.

2. Activités au choix !
Indiquez ici les activités que vous avez choisies : _____

1. Quel est le lieu d'action le plus important ? Faites-en une description précise.
   Vous pouvez rajouter un dessin.
2. Transformez le roman entier en article de journal / une émission pour la télévision.
3. Transformez un chapitre du roman en BD.
4. Écrivez le journal intime d'un des personnages (pas Laura !).
5. Écrivez une lettre à l'un des personnages (pas Simon !).
6. Écrivez une lettre à l'auteure du roman.
7. Racontez un chapitre en adoptant une perspective différente.
8. Imaginez une autre fin.
9. Imaginez ce qui pourrait se passer dix ans après la fin de l'histoire.
10. Écrivez une scène de théâtre avec vos camarades de classe. Choisissez une scène du roman.
    Vous pouvez la présenter après la lecture.

Le début du roman

1. *Lisez le début du roman : page 7, ligne 1 à ligne 21.*

2. *Parlez de votre première impression du texte.*

3. *Exposez la situation dans laquelle se trouve la protagoniste.*

Laura _____

_____

_____

_____

_____

Mme Bergen _____
et sa famille

_____

_____

_____

4. *a. Lisez d'abord les stratégies de lecture ci-dessous. Ensuite, continuez à lire dans votre livre jusqu'à la page 9, ligne 20 et complétez l'exercice 3 avec les nouvelles informations gagnées sur Laura et aussi sur Mme Bergen et sa famille.*

b. Que pensez-vous de la famille Bergen ? Donnez votre opinion et dites si vous vous sentiriez bien dans cette famille d'accueil.

Stratégie : Comment lire un roman ?

Lecture globale	Lecture détaillée	Lecture sélective
D'abord "survolez" le texte : Jetez un regard rapide sur le texte pour savoir de quoi il parle. Vous ne devez pas encore le comprendre mot à mot.	Lisez le texte phrase par phrase pour identifier et comprendre les arguments, les faits et les détails.	Lisez le texte une première fois. Essayez d'y retrouver rapidement des informations très précises pour pouvoir répondre à des questions qui portent sur un détail (p. ex. nom d'un personnage, d'un lieu, d'une date, mots-clés).

L'atmosphère dans le roman

1. *Le début du roman : Relisez le début du roman jusqu'à la page 16 ligne 2. Spontanément, comment réagissez-vous aux descriptions de la nature ? Comment pourriez-vous qualifier l'atmosphère qui s'en dégage ? Les mots indiqués ci-dessous peuvent vous aider.*
FACULTATIF : Si vous faisiez une peinture ou si vous trouviez une photo, comment serait-elle ?

Stratégie : Parler de l'atmosphère

L'atmosphère est assez / franchement	Il règne une atmosphère de / d'...
(dé)tendue, monotone, triste, joyeuse, ennuyeuse, vivante, morne, troublante, menaçante, terrifiante, hostile, angoissante, pesante, mystérieuse, oppressante, lugubre, sinistre, sombre …	menace (f), terreur (f), agressivité (f), tristesse (f), (in)sécurité (f), violence (f), grisaille (f), anxiété (f), …

2. *Relevez dans le texte les descriptions de la nature et du temps. Résumez vos impressions et caractérisez l'atmosphère autour de Laura. Comment se sent-elle ? Décrivez le vocabulaire de l'auteure.*

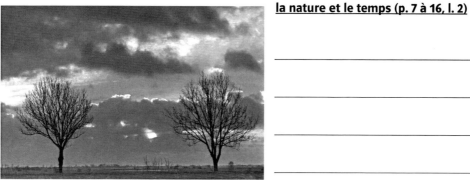

la nature et le temps (p. 7 à 16, l. 2)

_____

_____

_____

_____

_____

_____

_____

_____

_____

_____

3. *Comment la nature évolue-t-elle pendant le séjour de Laura ? Et ses sentiments ? Que peut-on en dire ? Continuez la lecture jusqu'à la page 79, ligne 10 et écrivez vos résultats dans vos cahiers ou carnets de lecture.*

L'Allemagne divisée : Paysage et atmosphère

1. *Décrivez la photo suivante avec l'aide du vocabulaire ci-dessous et de celui de la fdt 4 (→ Stratégie : Parler de l'atmosphère). Présentez vos résultats devant la classe.*

☀ **Stratégie : Comment décrire une photo ?**

> **La photo / Le dessin / Le tableau / L'image** représente / montre / met en scène / illustre…
>
> **Au premier plan / Au second plan** se trouve… / se dresse… / il y a… / on voit / aperçoit / reconnaît / distingue / découvre…
>
> **A l'arrière plan / Au centre / Au milieu / En haut (à gauche) / (à droite) / En bas (à gauche) / (à droite)** se trouve… / se dresse… / il y a… / on voit / aperçoit / reconnaît / distingue / découvre…
>
> **Devant… / Derrière… / A côté de… / Près de…** se trouve… / se dresse… / il y a… / on voit / aperçoit / reconnaît / distingue / découvre…
>
> **Ce que je trouve / Ce qui est intéressant / étonnant / curieux / bizarre…**, c'est (que)…
> **Ce qui (me) paraît évident / frappe / surprend / choque…**, c'est (que)…
> En regardant cette photo, on a l'impression que…
> Face à la scène représentée, j'imagine que…
> Il se dégage de ce tableau une atmosphère de… / assez…
> Tout ce qu'on voit sur cette illustration porte à croire que…

2. *De la même manière, faites un portrait de la nature et de l'atmosphère telles qu'elles sont représentées dans le roman* Une année étrangère. *Éventuellement, trouvez ou dessinez une image qui correspond à votre portrait.*

Klett

L'Allemagne divisée : Le texte, médiation et projets

1. *Décrivez d'abord la photo. (→ Stratégie fdt 5a)*

2. *Comment Laura décrit-elle son expérience avec le mur ? Relisez le texte p. 49, l. 15 jusqu'à la p. 50, l. 22. Trouvez les informations dans le texte et écrivez la solution dans vos cahiers / carnets de lecture.*

3. *Le soir, après le pique-nique avec la famille Bergen, Laura écrit dans son journal intime sur sa confrontation et sur ses sentiments avec l'Allemagne divisée. Écrivez ce texte dans vos cahiers / carnets de lecture (80 – 120 mots).*

4. *« Susanne me tend une pomme et me dit que sa grand-mère habite de l'autre côté. » (p. 50, l. 22). En apprenant cela, Laura a tout à coup beaucoup de questions. Lesquelles pourrait-elle poser à la grand-mère Bergen sur l'Histoire de l'Allemagne divisée ? Trouvez-en 5. Présentez-les devant la classe. Pourriez-vous y répondre ? Si non, cherchez des informations sur internet.*

5. *Quelques jours après le pique-nique, Laura fait des recherches sur l'Allemagne divisée et trouve dans une bibliothèque la lettre suivante d'une personne qui a vécu l'Allemagne divisée. Laura traduit cette à l'aide d'un dictionnaire et de la famille Bergen.*

> Meine liebe Laura, meine lieben Kinder heute darf ich Euch ein Lebenszeichen von mir geben, ich befinde mich jetzt in den Händen der deutschen Regierung und darf Euch alle 8 Wochen schreiben und Ihr mir auch. Pakete und Besuch ist nicht gestattet. Ich bitte Euch, schreibt mir umgehend, denn Ihr könnt Euch nicht denken, wie es mich bedrückt, dass Ihr so unter meinem Schicksal mit leiden
> 5　müßt. Ich hoffe, daß Ihr alle gesund seid und grüße und küsse Dich und meine Kinder herzlich. Dein Erich und Euer Vater. Gruß an alle Verwandten + Bekannten.

Aus: Hans-Georg Müller: *Der Letzte löscht das Licht. Eine Jugend im geteilten Deutschland,*
Westkreuz-Verlag ; Berlin / Bonn 2007, S. 98

Plus tard, Laura téléphone à son frère Simon pour lui raconter ses expériences, ses sentiments et ses découvertes. Qu'est-ce qu'elle lui dit ? Invente cette conversation téléphonique.
a. Vous pouvez seulement faire parler Laura ou
b. Vous pouvez faire parler Laura et son frère qui pose des questions et qui fait part de ses commentaires.

6. *Sur www.klett.de, en tapant le code internet suivant : 6893cr, cherchez des informations sur l'Allemagne divisée dans le nord de l'Allemagne, dans la Lübecker Bucht et présentez vos résultats devant la classe. Parlez de vos impressions.*

Klett

☷ L'Allemagne divisée : Projets

1. *Regardez la photo ci-contre du mur de Berlin, symbole de l'Allemagne divisée. Qu'avez vous appris sur l'Allemagne divisée à l'école ? Que savez-vous ?*

2. *Lisez le texte suivant et résumez les deux idées principales qui s'en dégagent.*

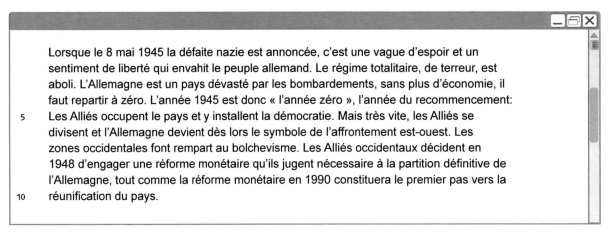

Lorsque le 8 mai 1945 la défaite nazie est annoncée, c'est une vague d'espoir et un sentiment de liberté qui envahit le peuple allemand. Le régime totalitaire, de terreur, est aboli. L'Allemagne est un pays dévasté par les bombardements, sans plus d'économie, il faut repartir à zéro. L'année 1945 est donc « l'année zéro », l'année du recommencement:
5   Les Alliés occupent le pays et y installent la démocratie. Mais très vite, les Alliés se divisent et l'Allemagne devient dès lors le symbole de l'affrontement est-ouest. Les zones occidentales font rempart au bolchevisme. Les Alliés occidentaux décident en 1948 d'engager une réforme monétaire qu'ils jugent nécessaire à la partition définitive de l'Allemagne, tout comme la réforme monétaire en 1990 constituera le premier pas vers la
10   réunification du pays.

3. *Travaillez avec votre prof sur les faits historiques suivants et remplissez la grille avec vos résultats.*
1945, les conférences sur le sort du pays vaincu, les 4 forces d'occupations.

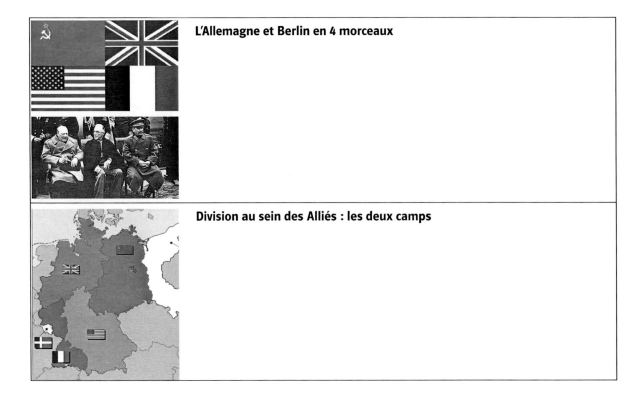

L'Allemagne et Berlin en 4 morceaux

Division au sein des Alliés : les deux camps

👥 L'Allemagne divisée : Projets

4. *Lisez le texte ci-dessous. Il s'agit d'un passage du roman de Marie-Florence Ehret :* Berlin 73, *dans lequel Sylvie s'en va passer l'été à Berlin, chez un ami de ses parents. Résumez ce qu'on y apprend sur l'Allemagne divisée et sur Berlin. Présentez vos résultats à la classe.*

À la frontière avec l'Est, nous nous sommes arrêtés beaucoup plus longuement. Des soldats passaient le long du train avec des chiens, ils avaient aussi des miroirs avec lesquels ils observaient le dessous des wagons ! Des gardes armés sont venus nous contrôler. L'ambiance changeait carrément.
5 Ils regardaient nos papiers d'un air soupçonneux. Malgré la chaleur, il a fallu fermer les fenêtres, question de sécurité paraît-il. Des voyageurs ont voulu les rouvrir mais les policiers venaient refermer. Les vitres étaient si sales et opaques, on n'y voyait rien à travers, on devinait à peine une plaine plate sans fin sur laquelle le train se traînait à trente à l'heure. Les gares traversées n'avaient pas de nom. Les quais étaient déserts, à part quelques
10 soldats russes avec leur chapka. On aurait dit un pays fantôme. La traversée de l'Est a pris des heures. Un long voyage presque aveugle. C'était vraiment étrange.
Arrivée à Berlin, nouveau contrôle, les chiens, les miroirs… Encore une fois, on a examiné nos papiers. Enfin, j'ai franchi le dernier barrage. De l'autre côté, des hommes et des femmes se pressaient pour accueillir les arrivants. Deux hommes se sont aussitôt avancés à ma rencontre,
15 mon père avaient dû me décrire assez précisément. Le plus âgé m'a prise dans ses bras, m'a serrée une seconde, puis m'a éloignée pour me regarder en s'exclamant :
– Alors, c'est toi, Sylvie ! Comme je suis contente de te voir ! Tu es magnifique ! a-t-il ajouté en allemand.
Magnifique ? J'ai cru qu'il se moquait mais non, ses yeux étaient pleins d'amitié, pas la moindre
20 trace de moquerie. Ce devait être Rainer. Il parle très bien français, avec un petit accent.
L'autre, Thomas, son fils, je suppose, mon correspondant, m'a tendu une main un peu molle. Il était aussi grand que son père mais nettement moins enthousiaste de me voir. Nous avons quitté la gare les uns derrière les autres.
J'ai été éblouie par les dizaines, les centaines de lumières et d'enseignes qui scintillaient partout
25 autour de nous. Après la longue traversée de l'Est, je n'en revenais pas. Et au milieu de cette débauche de lumières se dressait, irréelle, obscure, moyenâgeuse, une tour à moitié effondrée, un clocher en fait, le clocher de la Kaiser Wilhelm Gedächtniskirche, l'église du Souvenir, m'a dit Rainer, tout ce qui reste de l'ancienne église après les bombardements de 1945… Thomas, qui marchait devant, s'est arrêté pour nous attendre tandis que je contemplais, stupéfaite, l'image
30 incroyable de ce vieux clocher noir et ajouré au sommet tronqué qui se dressait, se haussait douloureusement à côté de la tour bleutée de la nouvelle église.
– Les Berlinois l'appellent „der hohle Zahn", « la dent creuse», a ajouté Rainer.
Et en effet, on aurait dit un chicot, un chicot monstrueux et splendide, encore orné des aiguilles d'or et des points lumineux de son horloge.
35 Nous marchions au milieu d'une foule mélangée. Il y avait des gens très élégants, en tenue de soirée, et d'autres en blue-jeans. Des terrasses très chics et des kiosques où l'on pouvait acheter des saucisses et des frites. Des couples bourgeois et des garçons aux cheveux longs… Il y avait tant de monde dans tous les sens, j'avais peur de me perdre. De temps en temps, Thomas se retournait vers nous et disait un mot à son père que je ne comprenais pas. Des petites vitrines illuminées
40 étaient plantées de place en place au milieu du trottoir. Derrière nous, dans l'ombre, se dressait la silhouette angoissante du clocher. Elle baignait tout entière dans une lumière violette émanant de la nouvelle église qui se dressait à ses côtés.
– Tout ici a été reconstruit, m'a dit Rainer, mais il y a encore beaucoup de chantiers dans la ville et aussi de ruines. Tu verras mieux demain !

Aus: *Berlin 73*, Marie-Florence Ehret, Gulf Stream Éditeur, Saint Herblain, 2009, pp. 44–46

La chambre de Laura

👤 **1.** *Retrouvez dans le texte les éléments qui permettent de décrire la chambre de Laura (**9–10** 16). Puis, imaginez-la*
✎ *et représentez-la p. ex. en faisant un plan ou un dessin dans vos cahiers/carnets de lecture.*

👥 **2.** *À deux, discutez de vos représentations de la chambre de Laura. Y a-t-il des points communs, des différences*
💬 *entre elles ?*

👥 **3.** *Regardez et décrivez les photos suivantes. Qu'est-ce qui est typique pour une chambre de jeune ?*
💬 *Et particulièrement pour une chambre de fille ? Pour une chambre de garçon ? Comparez ces deux chambres*
avec vos représentations de la chambre de Laura. Que pouvez-vous en dire ?

✍ **4.** *Comment évolue la relation de Laura à sa chambre ? Comment la trouve-t-elle au début du roman ? À la fin ?*
Quand est-ce qu'elle y va ? qu'est-ce qu'elle y fait ?

✎ **5.** *Et vous, votre chambre, elle est comment ? Qu'est-ce qu'elle représente pour vous ?*
Dans vos cahiers / carnets de lecture, rédigez un petit texte : « Ma chambre, elle est… Pour moi, c'est… ».
Utilisez les morceaux de phrases suivantes et complétez-les avec vos propres idées.
FACULTATIF : Vous pouvez illustrer votre texte avec une photo ou un dessin de votre chambre.

Ma chambre, elle est…

petite   lumineuse   remplie   pleine de…

grande   vide   sombre   décorée avec…

Pour moi, c'est…

le paradis…   mon monde…

un refuge…

un endroit que je dois partager…

Klett

Les difficultés de Laura avec la langue allemande

1. *Décrivez la photo ci-contre. Est-ce que vous avez déjà eu des expériences positives / négatives avec une langue étrangère ? Pourquoi est-il si important d'apprendre une ou des langues étrangères ? Quelle est votre langue préférée à l'école ?*

2. *Laura a beaucoup de difficultés avec l'allemand. Trouvez les passages dans le texte qui le montrent. Référez-vous aux pages indiquées. Comment Laura se sent-elle ? Est-ce que sa situation s'améliore ? Analysez les passages relevés et montrez l'importance de la langue dans le livre entier.*

7 4+5	
7 16 – 17	
7 24 – **8** 3	
8 17ff	
9 22ff	
10 8ff	
11 10ff	
11 24ff	
14 22ff	
15 1ff	
16 24ff	
29 1ff	
30 10ff	
82 25 – **83** / **84** 12	

Les difficultés de Laura avec la langue allemande

3. *Écriture créative* : Choisissez l'un des trois sujets suivants :
   a. Écrivez une lettre de Laura à son frère dans laquelle elle lui parle de ses difficultés avec la langue allemande et dans laquelle elle lui explique comment elle se sent.
   b. Laura écrit dans son journal intime : Elle parle de son premier rêve en allemand et décrit ce qu'elle a ressenti au réveil.
   c. Laura écrit à l'organisme chargé de son séjour en Allemagne. Elle leur fait part de ses problèmes quant à la langue et leur donne quelques idées pour mieux préparer les jeunes voulant partir à l'étranger.

4. *Jeu de rôle* : Choisissez l'une des deux scènes suivantes et jouez !
   a. De retour en France, Laura est invitée par l'organisme, qui s'occupe des séjours à l'étranger, à échanger avec d'autres jeunes qui sont partis partout en Europe. Ensemble, ils parlent des problèmes qu'ils ont rencontrés à l'étranger mais aussi des succès qu'ils ont eus. Vous pouvez décider librement du nombre de personnes qui participent à la discussion.
   b. Laura parle avec une copine / un copain au téléphone : Elle raconte ses expériences et ses progrès en allemand.

5. De retour en France, elle parle devant sa classe pour motiver les autres élèves à passer une année à l'étranger. Qu'est-ce qu'elle leur dit / raconte ? Préparez un petit discours.

6. **Jeu de rôle : Apprendre les langues**
   Travaillez à deux : Choisissez votre carte et discutez ensemble entre 3 à 5 minutes.

Partenaire A

Ton partenaire et toi, vous discutez des langues étrangères qu'il faut apprendre à l'école.
Tu aimes bien apprendre les langues et tu favorises beaucoup de langues comme l'anglais, le français, l'espagnol et même l'italien.

Tu as deux minutes pour trouver des idées pour ton argumentation. Tu peux prendre des notes si tu veux.

Essaie de persuader ton partenaire qu'apprendre les langues étrangères à l'école ouvre beaucoup de possibilités dans la vie et pour l'avenir.

Tu commences la conversation.

Partenaire B

Ton partenaire et toi, vous discutez des langues étrangères qu'il faut apprendre à l'école. Pour toi, l'anglais est très important mais tu n'aimes pas apprendre d'autres langues comme p. ex. le français… parce que pour toi c'est moins important que d'autres matières.

Tu as deux minutes pour trouver des idées pour ton argumentation. Tu peux prendre des notes si tu veux.

Essaie de persuader ton partenaire qu'apprendre plusieurs langues étrangères n'est pas une garantie pour l'avenir.

Ton partenaire commence la conversation.

© Ernst Klett Sprachen GmbH, Stuttgart 2013 | www.klett.de | Alle Rechte vorbehalten.
Kopieren für den eigenen Unterrichtsgebrauch gestattet.
ISBN 978-3-12-592289-3

Laura et la famille Bergen

1. *Décrivez la photo ci-contre. La famille est-elle importante pour vous ? Est-ce que vous aimeriez fonder une famille un jour ? Discutez avec votre partenaire.*

2. *Travaillez à 2 ou 3. Découpez les phrases tirées du roman qui caractérisent la relation entre Laura et la famille Bergen. Retrouvez la chronologie des citations et présentez vos résultats devant la classe.*

> Je veux lui dire que Susanne a disparu, mais je ne sais plus si l'on dit „hat verschwunden" (a disparu) ou „ist verschwunden" (est disparu). …je tente de rester calme.

> Rien n'est logique de ce que je vis ici, et sous le calme apparent qui règne sur la campagne et dans la vie de cette famille je devine que quelque chose me menace.

> …je fais à présent partie de la famille. Je suis à la charnière entre les adultes et les enfants.

> J'ai envie de pleurer, je me demande ce que je fais là …moi seule suis incapable de profiter de l'instant présent.

> Je suis étonnée de me sentir si bien…

> C'est tout le contraire qui m'attend ici où tout semble improvisé… J'ai la sensation d'errer sans but dans un monde que je ne comprends pas, dont on ne m'a pas encore donné la clé, mais dont je pressens qu'il va bientôt m'engloutir.

> Ils vont me manquer (Susanne et Thomas).

> Quand monsieur et madame Bergen descendent, ils ne sont pas comme d'habitude. Ils boivent leur café en fumant, exactement comme tous les jours, mais l'atmosphère qu'ils dégagent est étrangement chargée.

> Cela me repose de passer une soirée sans avoir à me soucier de mon langage, je mélange l'allemand et le français et cela fait rire les enfants quand je dis… Cela me libère de ne pas avoir à tenir une conversation soutenue avec deux adultes qui me questionnent sans vraiment s'intéresser à moi.

> Quelque chose ne tourne pas rond dans cette famille.

> Et pour la première fois, je me sens libre, étrangement légère, libre parce qu'étrangère, dans une vie provisoire, sans témoin, sans passé. Sans rien à prouver.

> …je deviens l'adulte et elle l'enfant (Mme Bergen).

> Tout le monde a qc à raconter, mais personne n'écoute personne. Personne ne me demande qui je suis, d'où je viens, et pourquoi je suis chez eux plutôt que chez moi.

> …il me faudrait une palette de mots plus élaborée que mes basiques j'aime ou j'aime pas, je connais, je ne connais pas…; … fastidieux.

> Je me familiarise. Je ne sais si les Bergen me prennent pour un de leurs enfants, peut-être ne font-ils pas la différence, puisqu'il semble qu'ils me protègent, m'accompagnent, me paient mes achats et que je m'installe sur le siège arrière du minibus entre Susanne et Thomas.

> …je souris, je serre Thomas et Susanne contre moi et nous trois demeurons plantés…

3. *Discutez en classe de la relation entre Laura et les Bergen. Parlez des sentiments de Laura. Référez-vous aux citations et racontez ce qui se passe entre les citations.*

4. *Laura écrit une lettre à son frère dans laquelle elle se réfère à la citation suivante et qu'elle essaie d'expliquer :*
« *…je deviens l'adulte et elle l'enfant (Mme Bergen)* ». *Écris cette lettre.*

Une histoire de familles

1. *Décrivez les photos ci-dessous et parlez des différences entre les Allemands et les Français.*

2. *Cherchez des exemples dans le texte qui caractérisent la famille française de Laura et la famille allemande, les Bergen et remplissez la grille dans vos cahiers / carnets de lecture. Parlez ensuite des points communs et des différences entre les deux familles ?*

la famille allemande	la famille française

3. *Discutez des différences entre la famille française de Laura et la famille et Bergen et comparez vos impressions avec les résultats de l'exercice 1.*

4. *Laura écrit une lettre à sa mère dans laquelle elle décrit la vie allemande. Écrivez cette lettre dans vos cahiers / carnets de lecture.*

> Chère Maman,
>
> _____
> _____
> _____
> _____
> _____
> _____
> _____
>
> Ta Laura

5. *Relevez dans le texte des stéréotypes sur les Allemands et sur les Français, comme celui de la p. 25 l. 15 ff :*
« Je me dis que le mot travail résonne pour les Allemands sans doute différemment que pour les Français… ».

Les personnages du roman

1. *Faites les portraits de Laura et Madame Bergen et écrivez-les dans vos cahiers / carnets de lecture ou sur une affiche. Commencez par leur portrait physique, puis parlez de leur caractère. Servez-vous des indications fournies par le roman, puis complétez ces informations avec vos impressions personelles.*

   Si vous voulez, vous pouvez chercher des photos qui, selon vous, leur ressemblent et accrocher vos affiches dans votre salle de classe.

   Vous pouvez aussi travailler avec des citations du texte. Écrivez entre 150 à 180 mots.

Stratégie : Faire un portrait

I. Commencer par le physique d'une personne

1. le visage (la forme, le teint, les yeux, le nez...)
sa forme : rond, carré, ovale, long, large
le teint : pâle, frais, mat, rougeaud
les yeux : couleur et forme
le nez : long, droit, pointu, crochu, épaté, retroussé
la bouche, les lèvres, les dents, le menton, les joues, les oreilles, le front...

2. les cheveux (couleur, longueur, type de coiffure)
type : raides, ondulés, bouclés, frisés, crépus
couleur : blonds, châtain, roux, bruns
longueur : ras, courts, mi-longs, longs
type de coiffure : en brosse, une frange, une raie, une queue de cheval, un chignon, des nattes

3. les signes particuliers
lunettes, cicatrices, des handicaps physiques s'il y en a...
4. la taille, la corpulence : petite, moyenne, grande, maigre, mince, corpulente, grosse
5. les vêtements et autres accessoires
l'impression d'ensemble : beau, joli, laid...

II. Parler de sa personnalité / son caractère
avoir...
peu de / une forte personnalité
bon / mauvais caractère
peu de / beaucoup de tempérament
de bonnes / de mauvaises manières

être...
naturel, spontané, affecté, calculateur, ouvert, franc, hypocrite, sournois, gai, insouciant, triste, mélancolique, anxieux, aimable, chaleureux, généreux, froid, distant, égoiste, équilibré, sérieux, discipliné, impulsif, changeant, discret, réservé, timide, sociable, désinvolte, extraverti, énergique, autoritaire, apathique, faible, mou...

2. *De la même manière, faites le portrait des personnages suivants : Thomas, Susanne, Monsieur Bergen et le grand-père Bergen.*

Apprentissage de la vie

1. *Lisez la situation suivante, prenez des notes et discutez avec votre partenaire.*

Dialogue : Apprendre pour la vie

Bientôt, tu vas quitter l'école mais cela ne veut pas dire que tu vas arrêter d'apprendre.
Vivre en société est un apprentissage quotidien, que ce soit à l'école, au travail, en famille…

Avec ton partenaire, tu parles des différents défis et profits de
l'apprentissage de la vie.

Pense aux différentes situations et aux raisons pour lesquelles il te
faudra encore apprendre. Prends des notes. Les idées suivantes :
p. ex. futur travail, qualification supplémentaire, vie quotidienne
peuvent t'aider à préparer ton argumentation.

Parlez-en à deux et échangez vos idées.

2. *Lisez dans vos livres le passage suivant sur l'apprentissage de la vie à la p. 70, l. 26 « l'enjeu est simple,
comme… » jusqu'à la p. 71, l. 20 « …du moindre indice. », ainsi que la citation p. 106, l. 11 – 12 : « Il est urgent
de faire quelque chose de sa vie ». Prenez des notes puis discutez en classe ou avec un partenaire. Êtes-vous
d'accord ou pas avec ce que pense Laura ? Expliquez.*

3. *Pour Laura, la mort de son frère est une étape dans son apprentissage de la vie. Lisez les pages suivantes :
p. 44 l. 22 à p. 59 l. 23, et reconstituez le drame familial en reportant la grille ci-dessous dans vos cahiers /
carnets de lecture.*

44 22ff	
45 1ff	
46 2ff	
59 9ff	

4. *Pourquoi Laura est-elle paniquée quand Susanne ne va pas à l'école ?
Relisez le texte p. 56, l. 20 jusqu'à 59, l. 23 et répondez.*

5. *Qu'est-ce que Laura apprend pendant son année à l'étranger ? Et en quoi peut-on dire que son année à
l'étranger est un succès ? Faites d'abord une liste des événements les plus importants, puis écrivez un petit texte
en forme de lettre que Laura destine à la famille Bergen, ou plus particulièrement à Mme Bergen.*

Laura et la lecture

1. *Décrivez la photo ci-contre et parlez de la signification des livres / de la lecture pour vous ?*

2. *Essayez de discuter des questions suivantes en classe : Pourquoi les jeunes lisent-ils moins qu'avant ? Que lisent les filles ? Et les garçons ? D'après vous, quel est, ou doit être, le rôle de l'école par rapport à la lecture ?*

3. *Sur www.klett.de, tapez le code internet suivant : a34fp5 et consultez le site internet indiqué. Discutez des droits du lecteur. Classez les dix droits dictés par Daniel Pennac par ordre de préférence (commencez par celui qui vous semble le plus important), puis justifiez vos choix face à vos camarades.*

4. *Relisez les passages indiqués ci-dessous. Ils parlent de Laura et de sa lecture de* La Montagne magique *et de* Mein Kampf. *Expliquez ce que Laura ressent et pourquoi elle lit. Remplissez la grille dans vos cahiers / carnets de lecture.*

passages sur Laura et ses lectures	Que ressent-elle ? / Pourquoi lit-elle ?
39 3 – **40** 8	
50 23 – **51** 15	
62 8 – **63** 5	
73 10 – 25	
84 13 – **85** 5	
101 6 – 23	
128 24 – **129** 10	
169 25ff – **170** 19	

5. *Interprétez le titre du livre :* Mein Kampf *ou* La Montagne magique *en rapport avec la situation de Laura durant son année étrangère. Que pensez-vous de la citation de Thomas Mann dans* La Montagne magique *?*

« C'est au fond une aventure singulière que
cette acclimatation à un lieu étranger,
que cette adaptation et cette transformation (…). »

6. *Au cours de son séjour allemand, Laura renvoie au roman monumental de Thomas Mann, le livre qui lui tenait chaud pendant les longues soirées des derniers mois de sa vie française. Avez-vous aussi un livre qui vous inspire / a déjà inspiré de telle manière ? Parlez de vos expériences de lecture.*

Le grand-père et la Seconde Guerre mondiale : Texte et projets

1. *Laura rencontre le grand-père de la famille Bergen. Relisez p. 85 l. 6 jusqu'à p. 88 l. 9 et décrivez le grand-père. Remplissez la grille. (→ Stratégie : Faire un portrait, fdt 9)*

apparence physique (sexe, âge, taille, visage, cheveux, yeux)	
environnement social (nationalité, situation familiale profession, relations avec Laura)	
comportement / traits de caractère (actions, réactions, manière de parler…)	

2. *Qu'est-ce que vous avez appris sur la relation entre le grand-père et Paris ? Relisez aussi les p. 122, l. 7 jusqu'à la p. 125, l. 17 et trouvez toutes les informations sur la Seconde Guerre mondiale en rapport avec la vie du grand père quand il était jeune.*

Klett

Le grand-père et la Seconde Guerre mondiale : texte et projets

3. Projets : *Formez des groupes de 4 – 6 et travaillez sur l'un des quatre projets suivants. Informez la classe du projet que vous avez choisi avec votre groupe.*

Projet A : *La Seconde Guerre mondiale – les dates-clés : Présentez les dates les plus importantes et cherchez une carte de France à l'époque de l'Occupation. Commentez-la.*

Projet B : *Préparez un petit discours sur l'Occupation et la Résistance. Décrivez et expliquez la photo ci-dessous et référez-vous aux informations données ci-contre. Cherchez d'autres informations sur internet et ajoutez des informations supplémentaires si nécessaire.*

La Seconde Guerre mondiale (de 1939 – 1945)

À la suite de l'invasion de la Pologne par les Allemands, la France et l'Angleterre
5 déclarent la guerre à l'Allemagne nazie.
L'offensive des troupes allemandes, en mai 1940, se traduit par une débâcle
10 française.
La France vancue signe l'armistice. Pétain devient le chef de l'État français et appelle à la collaboration avec les vainqueurs. Le pays est en partie occupé et divisé en deux zones
15 (zone occupée-zone libre). Les juifs sont déportés dans des camps de concentration et exterminés.
La résistance s'organise, à l'intérieur (sabotages, attentats commis par des réseaux clandestins), et à l'extérieur du pays : le général de Gaulle organise depuis Londres les Forces Françaises Libres qui
20 continuent le combat avec l'aide des alliés.
Après la libération, des vengeances et règlements de comptes déchirent le pays.

aus: *Mots et contexte*, W. Fischer, A.-M. Le Plouhinec,
Ernst Klett Sprachen, Stuttgart, 2012, p. 226

Le grand-père et la Seconde Guerre mondiale : Texte et projets

Projet C : *Parlez de l'appel de Charles de Gaulle le 18 juin 1940 : Décrivez la photo ci-dessous, référez-vous à la citation et expliquez le contexte de cette scène. Cherchez d'autres informations sur internet. Si possible, trouvez l'appel sur internet et présentez-le devant la classe.*

Les débuts de la Résistance : Charles de Gaulle au micro de la BBC.

« La France a perdu une bataille ! Mais la France n'a pas perdu la guerre. Notre patrie est en péril de mort. Luttons tous pour la sauver ! »

Extrait de l'appel du 18 juin 1940

Projet D : *Sur internet, cherchez d'autres informations sur l'Occupation et sur la Résistance et créez des affiches pour votre salle de classe.*
Pour vous aider, vous pouvez consulter sur www.klett.de le code suivant : m56m9z et / ou cherchez d'autres sources.
Sujet : La France occupée : Les termes spécifiques d'un événement historique
Mettez les faits et vos résultats en rapport avec ce qu'a vécu le grand-père Bergen.

Klett

Une année étrangère : texte et projets

1. *Au pair !*

Dans quel pays étranger aimeriez-vous passer une année ? Pourquoi ? Prenez quelques notes et parlez avec votre partenaire.

Échangez ensuite vos idées en classe.

_____

_____

_____

_____

_____

2. *Relisez le texte p. 71, l. 21 jusqu'à la p. 73, l. 9 et analysez le rôle de Laura, son travail en tant que jeune fille au pair chez les Bergen. Comment est-ce qu'elle voit son travail ? Parlez des avantages et des désavantages.*

3. *Voici Laura réfléchissant à son travail en tant que jeune fille au-pair. Elle pense à la famille Bergen et à sa propre famille, à la situation dans laquelle elle se trouve. Imaginez ses pensées et écrivez dans son journal intime un texte de 80 – 120 mots.*

4. *Jeu de rôle : Une année à l'étranger*

Travaillez à deux : Choisissez votre carte et discutez ensemble entre 3 à 5 minutes.

Partenaire A

Tu apprends le français à l'école et tu veux améliorer ton français en passant un an en France. Tu es bon / bonne en grammaire, mais quand tu dois parler ou écrire, tu as encore des problèmes. En plus, tu aimerais rencontrer une autre famille, une autre culture, d'autres jeunes…

On t'a parlé d'un organisme en France qui organise de séjours pour les jeunes comme toi. Tu appelles cet organisme pour avoir plus de renseignements. Ce que tu dois faire :

– saluer la personne au téléphone
– poser les questions suivantes :
> les dates du séjour
> les tarifs
> le logement
> les activités / les travaux
– N'oublie pas de répondre aussi aux questions qu'on te pose.
– Termine ton appel en remerciant la personne et en laissant tes coordonnées pour qu'on t'envoie des brochures supplémentaires par la poste.

Prépare ta conversation. Tu peux prendre des notes si tu veux.

Partenaire B

Tu travailles pour un organisme français qui offre la possibilité à des étrangers de venir passer un an en France. Tu dois répondre aux différentes questions de ton interlocuteur.

Ce que tu dois faire :

– saluer la personne au téléphone
– deviner quelle sorte de séjour la personne au téléphone veut faire
– deviner quelles dates conviendraient à la personne au téléphone
– deviner quel logement / quelle famille conviendrait à la personne au téléphone
– répondre aux questions supplémentaires et donner d'autres informations
– terminer l'appel en proposant d'envoyer des brochures supplémentaires par la poste

Prépare ta conversation. Tu peux prendre des notes si tu veux.

Une année étrangère : Texte et projets

1. *Formez des groupes de 4. Préparez une feuille comme indiqué ci-contre et écrivez au milieu de la feuille : « Une année à l'étranger : Pour moi, c'est / c'était / cela serait… ». Puis, écrivez vos idées personnelles dans la partie de la feuille qui se trouve devant vous. Ensuite, faites tourner la feuille 3 fois et lisez ce que les partenaires dans votre groupe ont écrit. Retrouvez tous les points que le groupe a en commun et notez-les au centre de la feuille.*

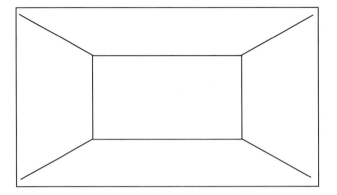

2. *Discutez en classe. Mettez en évidence les points communs et les différences de tous les groupes en faisant un mind-map au tableau.*

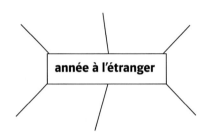

année à l'étranger

3. Écriture créative :

Écrivez un texte de 120 à 150 mots sur le sujet suivant :

Vous vous rappelez d'une année à l'étranger ? / Vous voulez passer une année à l'étranger ?

Quelle a été son importance pour vous ? / Quelle serait la chose la plus importante pour vous ?

Qu'est-ce qui a changé pour vous pendant cette année à l'étranger ? / Qu'est-ce que vous attendez de cette année à l'étranger ?

Les réflexions suivantes peuvent vous aider à écrire votre texte :

- Comment êtes-vous parti/e ? / Comment allez-vous partir ?
- Quel organisme avez-vous choisi quand vous êtes parti/e / pour partir ?
- Pourquoi êtes-vous parti/e ? Pourquoi voulez-vous partir ?
- Avez-vous perdu une année scolaire ? / Allez-vous perdre une année scolaire ?
- Fallait-il connaître la langue du pays ? / Faut-il connaître la langue du pays ?

Vous pouvez également consulter sur www.klett.de le code suivant : z88h6i pour trouver d'autres idées.

4. *Sur www.klett.de, sous le code suivant : i3a2b4, remplissez les documents comme si vous étiez en train de préparer votre année à l'étranger. Discutez avec votre partenaire pour remplir les documents.*

5. *Sur www.klett.de, sous le code suivant : u2nx4f, lisez les expériences que ces jeunes ont faites à l'étranger en tant qu'au pair. Qu'en pensez-vous ? Discutez avec votre partenaire.*

6. *Discutez en classe : « Passer une année scolaire dans un établissement étranger : Tous les ans, des lycéens quittent leur classe pour aller passer une année scolaire dans un établissement à l'étranger. Un choix rare, souvent cher, mais qui peut rapporter gros. »*

Écrire une critique du roman

1. *Répondez d'abord aux questions suivantes et échangez ensuite avec votre partenaire.*

Ce que tu as aimé, pourquoi ?	Ce que tu n'as pas aimé, pourquoi ?

2. *Choisissez l'un des trois sujets suivants :*

a. *Recherchez sur internet des critiques du roman. Choisissez-en une qui correspond à votre point de vue et justifiez votre choix.*

b. *Imaginez qu'un(e) correspondant(e) français(e) qui n'a pas lu* Une année étrangère *vous demande si cela vaut la peine de lire ce roman. Écrivez une critique du roman pour lui / elle. Parlez de vos propres sentiments pendant la lecture. Utilisez vos propres mots et respectez les conseils ci-dessous.*

Stratégie : Comment écrire une critique de roman ?

Généralement, une critique doit :

– proposer un bref résumé de l'œuvre
– mettre en évidence ses points principaux
– explicitement ou implicitement : refléter l'opinion personnelle et les sentiments de celui qui la rédige et déboucher sur un conseil au lecteur (lire ou ne pas lire le roman etc.)

Une critique peut également :

– commenter l'action ou le message
– proposer quelques portraits de personnages
– exprimer un jugement sur des aspects différents de l'œuvre (le thème, la mise en scène, le suspense, les décors, l'interprétation des personnes etc.) et / ou sur la valeur artistique de l'ensemble
– comporter quelques remarques sur l'auteur ou de l'auteur lui-même

c. *Imaginez que vous faites partie du club de lecture de votre lycée et que vous voulez y présenter* Une année étrangère. *Concevez et réalisez une affiche dont le but est d'attirer l'attention du plus d'élèves possibles. Cherchez des photos sur internet et composez un texte qui présente le roman (sans raconter le contenu du roman pour maintenir le suspense !). Référez-vous aux phrases / points suivantes / suivants.*

Stratégie : Comment présenter un roman ?

lieu et temps	L'histoire se passe à… (ville); L'histoire se passe en… (année, pays).
sujet / contenu	Le thème du livre, c'est…; Ce livre raconte l'histoire de… L'auteur parle de…; Au début / à la fin…; Il y a du suspense / de l'action…
personnages	Le personnage principal est…; Le(s) personnage(s) secondaire(s) est / sont…
évaluation	Les caractères sont bons / mauvais / naturels… C'est un roman qui me plaît / qui me touche / qui fait réfléchir. C'est ennuyeux / drôle / intéressant…; C'est bien écrit / construit. Cela donne envie de continuer.; On peut s'identifier à… C'est un roman où l'on apprend plein de choses. C'était facile / difficile à lire.; Ce que j'aime, c'est / ce sont… Il y a plein de mots / d'expressions drôles / bizarres…

Klausurvorschlag 1

Une année à l'étranger avec Erasmus

Publié par Admin le 24 juin 2011

Alors que nous vivons dans un environnement européen, si ce n'est mondial, beaucoup d'étudiants choisissent d'aller étudier à l'étranger, grâce au désormais célèbre programme
5 Erasmus. C'est le cas de Nicolas, élève-ingénieur, parti cette année à Aix-la-Chapelle en Allemagne.

Réaliser un rêve de gamin… Oui, c'est peut-être ça. Les échanges Erasmus sont mis en avant par nos universités et écoles pour enrichir notre formation. Dans mon cas, étudier les trains à Aix-la-Chapelle en Allemagne, c'était aussi réaliser un rêve de gamin. Souhaitant
10 m'orienter dans le transport ferroviaire, j'avais envie de découvrir ce secteur d'une manière différente de celle proposée par mon école d'ingénieur, d'acquérir une expérience internationale et d'améliorer mon allemand. Sur place, je me suis vite détourné de l'ambiance « Erasmus », avec ses rencontres d'étudiants de toute l'Europe et ses soirées, pour me tourner davantage vers l'Allemagne et les Allemands.

15 Les premiers temps et les premières découvertes n'ont pas été faciles. Il a fallu affronter la barrière de la langue, la solitude, le fait d'être un étranger. La tentation est forte de se replier sur soi et sur la communauté francophone. J'ai dû m'adapter au fonctionnement de l'université et des cours. J'ai été étonné par la différence de mentalité entre la France et l'Allemagne, pourtant géographiquement si proches. Les Allemands sont en général très
20 organisés, et ils cherchent constamment à améliorer la qualité de ce qu'ils proposent. Mon premier semestre, même s'il a été enrichissant du point de vue des découvertes, a donc été difficile à vivre.

J'ai vraiment senti un tournant en janvier. Dès octobre, je participais à des rencontres d'aumônerie, à des entraînements de sport, mais je demeurais étranger, extérieur au
25 fonctionnement. En janvier, j'ai représenté mon groupe de réflexion au conseil semestriel de l'aumônerie de l'université, et les choses ont commencé à changer. Ma meilleure compréhension de l'allemand et du fonctionnement des institutions m'ont permis de m'investir dans la préparation de petits événements à l'aumônerie. J'ai commencé à nouer des liens avec d'autres étudiants. Les découvertes, qui étaient jusqu'alors celles d'un étranger,
30 sont devenues plus approfondies puisque je vivais vraiment les choses de l'intérieur. J'ai par exemple compris que les Allemands avaient une relation à l'Eglise bien différente de la nôtre, puisqu'ici il n'y a pas de « laïcité », l'Eglise et l'Etat ne sont pas séparés, et la communauté tient une place très importante dans une société individualiste. Je trouve que l'Eglise universelle et son message sont moins bien acceptés qu'en France, au profit des
35 communautés locales.

Aujourd'hui, mon année est loin d'être terminée puisque j'ai des examens jusqu'au 9 Août en Allemagne. C'est donc un regard d'espérance que je porte pour la fin de mon année scolaire. J'espère notamment garder des liens après mon départ : les Allemands paraissent renfermés au début, mais ensuite des amitiés fortes se créent.

40 Néanmoins je sais déjà que cette année en Allemagne m'a apporté beaucoup d'expérience. J'ai découvert un enseignement différent de celui reçu en France, mais qui me plaît. Je pense que le fait d'avoir été un étranger me pousse maintenant à mieux accueillir les autres étrangers. J'ai appris à être plus autonome et plus ouvert à d'autres mentalités. Il faut accepter de se faire petit et de sortir de soi pour continuer à avancer. Et, malgré la solitude et
45 les difficultés, croire que Quelqu'un marche à nos côtés et nous aide chaque jour.

Nicolas, 21 ans, fait des études d'ingénieur à Paris. Il est parti étudier un an à l'université d'Aix-la-Chapelle, en Allemagne, dans le cadre d'un échange Erasmus.

Aus: http://blog.jeunes-cathos.fr/2011/06/une-annee-a-letranger-avec-erasmus/

I Compréhension

1. Résumez les raisons pour lesquelles Nicolas voulait passer une année à l'étranger grâce au programme Erasmus.
2. Décrivez les difficultés de Nicolas lors de son année à l'étranger.
3. Parlez des expériences que Nicolas a faites lors de son année à l'étranger.

II Analyse et commentaire

Comparez l'année à l'étranger de Nicolas avec celle de Laura dans le roman de Brigitte Giraud *Une année étrangère*.

III Travail d'écriture

Choisissez l'un des deux sujets suivants :

1. Mettez-vous à la place de Nicolas ou de Laura et parlez de vos expériences pendant cette année passée à l'étranger. Imaginez : Vous êtes devant vos camarades de classe et vous faites une présentation.
2. Vous voulez participer au programme Erasmus. Où aimeriez-vous passer une année à l'étranger ? Pourquoi ? Quelles sont vos attentes ? Écrivez une lettre à l'université chargé du programme pour qu'on vous donne les renseignements nécessaires et qu'on puisse vous aider à trouver un pays et une faculté.

Pistes de solution

I Compréhension

1. Résumez les raisons pour lesquelles Nicolas voulait passer une année à l'étranger grâce au programme Erasmus.
   - Comme on vit aujourd'hui dans un environnement européen, beaucoup de jeunes choisissent d'aller étudier à l'étranger, grâce au désormais célèbre programme Erasmus.
   - Il voulait réaliser un rêve de gamin.
   - Les échanges Erasmus sont mis en avant par les universités et les écoles pour enrichir la formation : dans son cas, étudier les trains à Aix-la-Chapelle en Allemagne.
   - Il souhaitait s'orienter dans le transport ferroviaire.
   - Il avait envie de découvrir ce secteur d'une manière différente de celle proposée par son école d'ingénieur.
   - Il voulait acquérir une expérience internationale et améliorer son allemand.

2. Décrivez les difficultés de Nicolas lors de son année à l'étranger.
   - Il a fallu affronter la barrière de la langue.
   - Il a éprouvé de la solitude.
   - Il a remarqué qu'il était un étranger.
   - Il a eu envie de se replier sur soi et sur la communauté francophone, mais ne l'a pas fait : il s'est vite détourné de l'ambiance Erasmus, avec ses rencontres d'étudiants de toute l'Europe et ses soirées, pour se tourner davantage vers l'Allemagne et les Allemands.
   - Il a dû s'adapter au fonctionnement de l'université et des cours.

3. Parlez des expériences que Nicolas a faites lors de son année à l'étranger.
   - Il participait à des rencontres d'aumônerie, à des entraînements de sport pour devenir actif et changer qc à sa situation > une bonne idée, sa situation a changé.
   - Il a découvert les différences de mentalité entre la France et l'Allemagne.
   - Il a gagné une meilleure compréhension de l'allemand et du fonctionnement des institutions.
   - Il a fait beaucoup de découvertes; p. ex. les Allemands ont une relation à l'Église bien différente de la France, puisqu'en Allemagne il n'y a pas de laïcité, l'église et l'État ne sont pas séparés.
   - Il a accepté de se faire petit et de sortir de soi pour continuer à avancer et trouver des amitiés fortes et pour être plus ouvert.
   - Il a appris que les Allemands ne sont pas juste renfermés mais qu'ils peuvent aussi être des amis.
   - Il a appris qu'on peut surmonter la solitude et les difficultés.

II Analyse et commentaire

Comparez l'année à l'étranger de Nicolas avec celle de Laura dans le roman de Brigitte Giraud *Une année étrangère*.

Nicolas, 21 ans	Laura, 17 ans
– C'est sa décision de partir à l'étranger. – Au début, il se sent seul, mais il devient actif : il participe à des rencontres d'aumônerie, à des entraînements de sport. – Il se sent très longtemps étranger. – Un changement : il a représenté son groupe de réflexion au conseil semestriel de l'aumônerie de l'université. – Il a gagné une meilleure compréhension de l'allemand et du fonctionnement des institutions. – Il a commencé à nouer des liens avec d'autres étudiants. – Il s'intéresse aux deux cultures. – Il a accepté de se faire petit et de sortir de soi. – Il a fait une bonne expérience : Les Allemands paraissent au début renfermés mais ensuite des amitiés fortes se créent. – Il a fait beaucoup d'expériences nouvelles : il a découvert un enseignement différent de celui reçu en France. – Le fait d'avoir été un étranger le pousse maintenant à mieux accueillir les autres étrangers. – Il a appris à être plus autonome et plus ouvert à d'autres mentalités. – Malgré la solitude et les difficultés, il croit que Quelqu'un marche à nos côtés, nous aide chaque jour.	– On ne sait pas exactement si elle va à l'étranger pour vraiment perfectionner son allemand ou pour fuir sa famille après la mort de son frère ; mais elle est quand même obligée d'apprendre et de perfectionner son allemand. – Elle se sent aussi très longtemps étrangère et doit surmonter les barrières avec la langue. – Elle veut aussi être acceptée dans la famille allemande. – Elle cherche des contacts à la bibliothèque mais on n'apprend rien sur des copains ou des copines : les personnes qui sont importantes pour elle, ce sont son frère, et après quelque temps, la famille Bergen parce qu'elle lui donne le sentiment d'être importante lors de la maladie de Mme Bergen. – Elle est confrontée avec une nouvelle culture et essaie lentement de l'accepter et de la comprendre. – Elle fait beaucoup de découvertes comme p. ex. celle de l'Allemagne divisée, celle de la Seconde Guerre mondiale grâce au grand-père Bergen. – Elle cherche refuge dans les livres comme p. ex. *La Montagne magique* de Thomas Mann. – Elle développe sa personnalité et devient adulte. – Elle n'est pas si seule car elle est entourée par la famille Bergen.

III Travail d'écriture

1 +2 individuelle Schülerleistungen

Klausurvorschlag 2

2 agacé genervt
7 dévasté vernichtet
8 imprégné de durchdrungen von

Voilà un extrait du roman *Berlin 73* de Marie-Florence Ehret : Sylvie fuit sa famille et le lycée à travers les livres et les rêves. Agacés, ses parents l'envoient passer l'été à Berlin chez un ami dont le fils, Thomas, a le même âge qu'elle. C'est dans le Berlin des années 1970 qu'ils font connaissance, une ville encore très marquée par la Seconde Guerre mondiale et divisée par le mur. En même temps qu'elle découvre un monde dévasté, en lente reconstruction, Sylvie partage avec Thomas un mode de vie imprégné de politique, où chacun ressent à sa façon le besoin de changement et de vérité.

1 des ciseaux *mpl* Schere
10 T'es super canon comme ça ! *fam* Du bist der Hammer!
16 un pitre un clown
23 Baudelaire un poète du 19ᵉ siècle
30 Rimbaud un poète du 19ᵉ siècle

J'ai pris les ciseaux. J'ai taillé à pleine poignées. Ça m'a fait du bien. J'aurais préféré mourir, mais c'est compliqué. Et puis laisser un cadavre derrière soi, c'est sale. Alors je me suis coupé les cheveux et j'ai jeté les mèches à la poubelle. Ma mère était furieuse. C'est rare qu'elle se mette
5 en colère contre moi. En général, elle se contente de soupirer, mais là elle était vraiment furieuse. Ça m'a fait du bien aussi. Ce sont mes cheveux, pas les siens !
À la rentrée de Pâques, ils m'ont tous regardée comme si j'étais folle.
– Qu'est-ce qui t'est arrivé ? s'est exclamée Christel.
10 – Super, t'es super canon comme ça ! a rigolé Stéphane.
Ils pouvaient bien dire ce qu'ils voulaient. Marc n'était plus là et le reste n'avait aucune importance. Si seulement je lui avais parlé moi aussi, au lieu de me contenter de l'écouter. Il devait me croire totalement débile. D'ailleurs, je le suis. Débile et moche. Aucun garçon ne
15 s'intéressera jamais à moi.
Dans mon ancienne école, je faisais le pitre avec mes copines. J'aimais sauter à la corde, faire du patin à roulettes, me balancer jusqu'au ciel. Des jeux de gamine, quoi. Maintenant ça ne m'intéresse plus, et puis de toute façon, je suis toute seule.
20 Heureusement, il y a les livres. J'adore les histoires. J'ai toujours un peu de mal à commencer, mais au bout de quelques pages, c'est parti… J'apprends aussi des poèmes par cœur, que je me récite à voix haute, juste pour moi. J'ai découvert Baudelaire. J'adore ! *Les Fleurs du mal.*
Ô toi, le plus savant et le plus beau des Anges,
25 *Dieu trahi par le sort et privé de louanges,*
Ô Satan, prends pitié de ma longue misère !
Ô Prince de l'exil, à qui l'on a fait tort
Et qui vaincu, toujours te redresses plus fort,
Ô Satan, prends pitié de ma longue misère
30 Et puis Rimbaud :
Que ma quille éclate et que j'aille à la mer…

J'aime bien Racine, aussi. En classe, on a commencé à étudier une pièce de lui, Andromaque. Depuis la disparition de Marc, je ne cesse de répéter ces deux vers d'Hermione :

35   *Errante et sans dessein, je cours dans ce palais*
        Ah ! ne puis-je savoir si j'aime, ou si je hais ?

Errante, c'est mon nom de famille, Sylvie Errante, alors vraiment ces deux vers, ils sont écrits pour moi ! Je me les répète de la voix la plus rauque possible… J'aime sentir les lettres dans ma gorge, dans mon
40 crâne. Les « r » qui raclent, les « è » grands ouverts qui montent vers mon front et les « an » qui descendent… Un vrai truc de débile !
    À force de me répéter ces deux vers, je ne pense plus à Marc ni à personne. Et puis son souvenir revient. Même si Marc ne m'a jamais prêté qu'une attention distraite, il était quand même le seul à me dire
45 bonjour. Les autres continuent de parler entre eux comme si je n'existais pas. Lui me souriait. Parfois même, il ne parlait que pour moi. Je ne peux oublier sa voix quand il me racontait la couleur du sable et la forme des dunes, la douceur des étoiles, de la fatigue partagée, l'espoir d'un monde nouveau, fraternel… À force de l'écouter,
50 j'avais fini par croire que je partirais avec lui, j'en rêvais tous les soirs, j'attendais l'été, les vacances… Je lui aurais demandé « emmène-moi », il aurait dit oui…
    Au lieu de quoi il m'a abandonnée, sans un mot, sans un revoir, sans un regret.
55   *Errante et sans dessein…*
    Je me sens la tête légère débarrassée du poids de mes cheveux. Je me regarde dans la glace, c'est à peine si je me reconnais.

32 **Racine** un écrivain du 17ᵉ siècle
39 **rauque** heiser
40 **racler** kratzen
55 **errant** streunend/flüchtig
55 **un dessein** un projet

Aus: *Berlin 73*, Marie-Florence Ehret, Gulf Stream Éditeur, Saint Herblain, 2009, pp. 21–23

I Compréhension

Résumez dans cet extrait ce qu'on apprend sur la protagoniste Sylvie.

II Analyse et commentaire

Comparez la situation de Sylvie avec celle de Laura dans *Une année étrangère*.

III Travail d'écriture

Choisissez l'un des deux sujets suivants :

1. Imaginez que Sylvie et de Laura se rencontrent dans le train. Elles font connaissance et se racontent leurs expériences en Allemagne et échangent leurs impressions sur le pays, les gens. Écrivez le dialogue entre les deux jeunes filles.

2. Vous voulez passer une année à l'étranger. Où aimeriez-vous aller ? Pourquoi ? Quelles sont vos attentes / craintes ? Écrivez vos sentiments et vos idées dans votre journal intime.

© Ernst Klett Sprachen GmbH, Stuttgart 2013 | www.klett.de | Alle Rechte vorbehalten.
Kopieren für den eigenen Unterrichtsgebrauch gestattet.
ISBN 978-3-12-592285-3

Pistes de solution

I Compréhension

Résumez dans cet extrait ce qu'on apprend sur la protagoniste Sylvie.

- Elle se coupe les cheveux en signe de révolte contre sa mère : Cela lui fait du bien. Sa mère est furieuse.
- Elle aurait préféré mourir, mais c'est compliqué : son petit copain Marc a disparu / l'a abandonnée et elle est triste et déçue : « Même si Marc ne m'a jamais prêté qu'une attention distraite, il était quand même le seul à me dire bonjour. Les autres continuent à parler entre eux comme si je n'existais pas. Lui me souriait. »
- « parfois même, il ne parlait que pour moi… que je partirais avec lui… emmène-moi il aurait dit où… ; au lieu de quoi il m'a abandonnée, sans un mot, sans un au revoir, sans un regret. » C'était apparemment son premier amour.
- Elle a deux copains qui se soucient d'elle : Stéphane et Christel : Ils veulent savoir ce qui lui est arrivé.
- Elle ne s'aime pas, elle se voit comme débile et moche et pense qu'aucun garçon ne s'intéressera jamais à elle.
- À l'école elle faisait le pitre avec ses copines : elle était active et rigolotte, maintenant ça ne l'intéresse plus, et puis de toute façon, elle est toute seule.
- Elle aime rêver avec des poèmes de Baudelaire, de Rimbaud et des pièces de Racine car elle s'identifie avec les protagonistes et les personnes mentionnées dans les textes.
- Elle aime jouer avec les poèmes.

II Analyse et commentaire

Comparez la situation de Sylvie avec celle de Laura dans *Une année étrangère*.

Sylvie	Laura
– Elle prend les ciseaux pour se couper les cheveux : Cela lui fait du bien / elle se révolte contre sa mère car celle-ci était furieuse : « Ce sont mes cheveux, pas les siens ! ». – Elle aurait préféré mourir, mais c'est compliqué : elle a des problème(s) ! – Elle a deux copains, Stéphane et Christel qui veulent savoir ce qui lui est arrivé : a-t-elle des problèmes ?; Elle parle de ses copains. – Elle se voit comme débile et moche et pense qu'aucun garçon ne s'intéressera jamais à elle. – À l'école : elle faisait le pitre avec ses copines : elle était active et rigolotte, mais maintenant cela ne l'intéresse plus, et puis de toute façon, elle est toute seule. – On apprend que son petit copain a disparu / l'a abandonnée. Marc : Et puis son souvenir revient : « Même si Marc ne m'a jamais prêté qu'une attention distraite, il était quand même le seul à me dire bonjour. Les autres continuent à parler entre eux comme si je n'existais pas. Lui me souriait. Parfois même, il ne parlait que pour moi …que je partirais avec lui…emmène-moi il aurait dit où… > premier amour ? – Au lieu de quoi il m'a abandonnée, sans un mot, sans un au revoir, sans un regret. – Elle aime les poèmes de Baudelaire, de Rimbaud et les pièces de Racine. Elle s'identifie avec Hermione dans *Andromaque*.	– Elle a les cheveux si courts qu'on aperçoit son crâne : elle voulait s'enlaidir. – On ne sait pas exactement si sa mère était furieuse mais ce n'est pas trop chic car même Mme Bergen n'aime pas sa coiffure. – Laura ne parle ni de ses copains ni de ses copines en France, elle parle juste de sa famille et de la famille Bergen. – Laura parle beaucoup de ses sentiments et ses douleurs. – Elle est timide et on n'apprend rien d'un éventuel petit copain; elle se sent à l'aise avec Thomas, le fils de la famille Bergen. – Elle était au lycée en France : elle a arrêté le lycée à quelques mois du bac, l'impossibilité d'aller en cours, les journées passées à la maison, sans but ni consistance : plus tard on apprend pourquoi : À cause du drame de son petit frère; alors elle se sent aussi seule et qn l'a quittée sans dire aucun mot. – Elle aime les livres par ex. *La Montagne magique* de Thomas Mann et s'identifie avec le protagoniste Hans Castorp.

III Travail d'écriture

1 + 2 individuelle Schülerleistungen